비단잉어의 꿈을 안고

비단잉어의 꿈을 안고

초판 1쇄 발행 2024년 8월 16일

지은이 이신구
펴낸이 장길수
펴낸곳 지식과감성#
출판등록 제2012-000081호

교정 이주희
디자인 정윤솔, 정은혜
편집 정윤솔
검수 김나현, 이현
마케팅 김윤길, 정은혜

주소 서울시 금천구 벚꽃로298 대륭포스트타워6차 1212호
전화 070-4651-3730~4
팩스 070-4325-7006
이메일 ksbookup@naver.com
홈페이지 www.knsbookup.com

ISBN 979-11-392-2067-4(03810)
값 10,000원

- 이 책의 판권은 지은이에게 있습니다.
- 이 책 내용의 전부 또는 일부를 재사용하려면 반드시 지은이의 서면 동의를 받아야 합니다.
- 잘못된 책은 구입하신 곳에서 바꾸어 드립니다.

지식과감성#
홈페이지 바로가기

비단잉어의 꿈을 안고

이신구 시집

■ 시인의 말

    ChatGPT에 시를 부탁했더니 냉큼 그것도 한숨에 지어 내는 시대가 되었다. 설사 그렇더라도 독자에게 감동을 준다는 확신이 선다면 문제는 없을 것이다.

    남이 쓴 시를 읽고 독자는 얼마나 공감을 할까. 무엇보다 시가 너무 어렵다는 얘기를 종종 듣는다. 예술성이 부족하다는 평도 있을 수 있다. 이 또한 시인이 풀어야 할 숙제다. 거기다 시인 자신도 만족하지 못한다면 창작욕 자체가 무너지고 만다.

    나도 예외는 아니다. 이번 시집 출간을 두고 고민한다. 이걸 내야 하나 접어야 하나…. 심지어 나무에 신세를 지는 것이 미안해서 출간을 못 하겠다는 사람도 있었다. 아무튼 그건 선뜻 독자에게 선보일 자신이 없다는 뜻을 내포한다.

    "아니, 많은 독자를 끌어들일 필요가 있나?" 그렇게 얘기하는 사람도 있다. 시가 자신의 이야기일진대 본인을 포함해서 몇몇 지인들 정도가 알아주면 충분하다는 소신을 편다. 일리 있는 의견이나 전적으로 동의하지는 않는다.

작년 말에 4인 동인 시집을 낸다고 하여 나름 써 온 시들을 일부 선별하여 문우文友에게 한번 봐 달라며 보낸 적이 있었다. 기대하지 않았지만 고맙게도 그는 제법 긴 시평詩評을 써서 보내왔다. 퇴직 후 부산에서 건강이 좋지 않은 어머님 보살피느라 시간도 없었을 텐데 참으로 정성이 대단하다고 생각했다.

이후 차일피일 동인 시집을 위한 출판이 늦어지면서, 친구의 시평을 아끼는 마음에 용기를 내어 개인 시집을 먼저 내기로 결심했다. 그동안 '나싱그리'라는 필명으로 온라인상에 올린 시들이 꽤 모여서 시집 출간에는 어려움이 없을 것 같았기 때문이다.

어차피 시를 계속 쓰기 위해서, 써 왔던 시들을 한 번쯤 정리할 기회가 필요한 터였다. 부족한 작품이지만 평가받는 것을 겁내서야 쓰겠는가 싶다. 정성스러운 시평을 보내 준 이해李海 시인에게 다시 한번 감사하다는 인사를 보낸다.

2024년 8월 이신구

목차

시인의 말 ………………………………………… 4

1부
세상에 대한 긍정, 자연 친화와 따스한 정감을 노래하다

우리 사이 ……………………………………… 12
야생화 크로키 ………………………………… 13
등산에 대하여 ………………………………… 14
알림판 ………………………………………… 16
DMZ …………………………………………… 17
반딧불이를 찾아 ……………………………… 18
낙가산 ………………………………………… 20
싸리꽃 ………………………………………… 22
산책 예찬 ……………………………………… 24
초록 …………………………………………… 26
봄의 왈츠 ……………………………………… 27
빨간 우체통 …………………………………… 28
사랑의 열매 …………………………………… 29
바다를 무대로 한 풍경 ………………………… 30
야외무대 ……………………………………… 32
내 맘대로 동영상 ……………………………… 33
이동 영화를 아시나요? ………………………… 34
값진 개근상 …………………………………… 36
아까시꽃이 피었습니다 ………………………… 37
하늘텃밭 ……………………………………… 38
호박 …………………………………………… 39
예쁜 사랑 ……………………………………… 40
봄비 …………………………………………… 42

2부 인간과 사회 현실에 대한 풍자, 극복 의지를 전하다

수옥폭포에서 …………………… 44
쑥대밭이라니 …………………… 46
어쩌다 몸살 ……………………… 47
실개천 …………………………… 48
망향望鄕 ………………………… 49
밥그릇 …………………………… 50
멀미 ……………………………… 52
식물 국회 ………………………… 54
소모품과 부속품 ………………… 56
어허 ……………………………… 58
거울 공주 ………………………… 60
길고양이 ………………………… 61
무인기無人機 …………………… 62
검과 칼 …………………………… 63
그릇 ……………………………… 64
난중일기 ………………………… 65
1인분 …………………………… 70
단둘이 만나기로 했다 …………… 71
장지葬地에서 …………………… 72
칼데라 …………………………… 74
녹두 장군 ………………………… 75
자수하십시오 …………………… 76
개미 ……………………………… 78
불야성不夜城 …………………… 80
9.0 ……………………………… 81
또 나왔네 ………………………… 82
수출 한국 ………………………… 84

3부 소소한 일상의 소중함, 온전한 공동체를 꿈꾸다

명일동 이야기 ································ 88
정장 ··· 89
한성 옛터 ···································· 90
지붕 ··· 92
과수원 옆 요양원 ···························· 94
반지하 ······································ 96
V ··· 97
경계境界 ····································· 98
이사 ··· 99
비빔밥 ······································ 100
사랑의 포물선 ······························ 101
짬짜면 ······································ 102
용두골 아리랑 ······························ 104
무명 시인 ·································· 106
오늘 하루 ·································· 107
비단잉어의 꿈 ······························ 108
번계산장을 생각하며 ······················ 110
멀리 또는 가까이 ·························· 112
같은 듯 다른 우리 ························· 114
황무지 ······································ 116
인생은 이제부터야 ························ 118
포털 바다 ·································· 119
발가락이 닮았다 ··························· 120
산마을 ······································ 121
네 마음 별과 같이 ························· 122
그녀 ··· 124
어떤 시인 ·································· 126
제3의 고향 ································· 128

4부

시와 예술, 정신적 가치에 대해 질문하다

무소유를 소유하다 ················· 132
길상사에서 ························· 134
공공재公共財 ······················· 135
아프로디테 ························· 136
호외 ································· 138
판전板殿 ···························· 139
바다와 예술 ························ 140
예술이 뭐길래 ····················· 141
생각의 나무 ························ 142
그곳에 가면 ························ 143
판교에서 ···························· 144
어떤 잠언箴言 ······················ 145
마음밭에 와서는 ··················· 146
이런 탑도 있다 ···················· 147
계약서를 썼다 ····················· 148
비문碑文 ···························· 150
내 안의 폭발 ······················· 151
대화록 ······························ 152
날개 ································ 153

■ 독자를 위한 작품 해설 ············ 154

1부

세상에 대한 긍정

자연 친화와 따스한 정감을 노래하다

우리 사이

이제 헤어지면
언제 또 만나려나
우리 사이 인연이면
또 만나겠지

바쁜 인생일랑
잠깐 벗어 접어 두고
다 같이 둘러앉아
백련차 한잔
하고 가시게나

지쳐 버린 몸뚱이
편히 다스려 준다는
정성 어린 백련차
한잔하고 가시게나

복잡해진 마음
맑게 씻어 준다는
그 영험한 백련차
한잔하고 가시게나

야생화 크로키

푸른 하늘 아래
애써 가꾸지 않아도
너는 핀다

도심을 떠나
빈손으로 찾을 때
비로소 너는 웃는다

훌훌 털고 찾아 나서는
우리네 마음 골짜기에
터 잡고 웃는다

네 웃음엔 표정은 있어도
소리가 없다
네 웃음엔 꾸밈이 없다

등산에 대하여

산을 오른다
왜 산에 오르느냐고 묻지 마라
거기 산이 있어 산에 오를 뿐
산 사나이로 태어나
그곳에서 마지막을 함께하는 것도
멋진 인생이라고 당신은 말한다

어떤 이는 정상을 기피한다
오르고 나서 안개와 구름 아래로
세상을 내려다볼 수 있기는 하지만
거긴 너무 춥고 외로울 수 있다고
너무 오래 머물 곳은 아니라고

산을 오른다
정상이 목표가 아니어도 좋다
몸을 쉬어 갈 산기슭이면 어떻고
찬 바람 가시고 봄기운이
모락모락 피어오르는
어느 산 중턱이어도 좋다

산을 사랑하는 사람들은 안다,
함께 산을 오르면
오르막길도 힘들지 않을 수 있지만
산길을 내려오는 발걸음이
보는 이의 마음을 때로
아름답게 물들인다는 것을

그렇게 세상으로 통하는 길은
하나로 나 있지는 않다는 것을

알림판

단기 모년 모월 모일
하늘텃밭 운영을 종료합니다

그동안 이용했던
장비 및 시설물들
서운한 마음까지
모두 철거 부탁드립니다

관리자백

뙤약볕에 우뚝 선 알림판 뒤통수를
올여름은
호박 넝쿨이 휘감고 보란 듯이 자란다

DMZ

여기야말로 남과 북,
북과 남이 맞닿은
약속의 땅
그 옛날 그때의 소도蘇塗를
닮은 성지
푸른 하늘을 맘껏
떠도는 새들의 고향이다
맑은 하늘을 지향하며
대지에 뿌리를 내리는
초목들의 자유와 평화가
숨 쉬는 공간이다
문명의 이기利器를 소유한
사람들에게만 허락되지 않은
먼 원시를 오롯이 간직한
녹색 왕국, 울림을 안겨 주는
초록빛 허파다
드넓은 바다를 향한
내일의 진로를 천착하는
강줄기, 우리 안의 어머니가
아직 끊지 못한 탯줄이다

반딧불이를 찾아

노란 달덩이가
사뿐히 내려와
손을 내민다

그 곁의 샛별도
함초롬히 피어나
눈을 맞춘다

무대 뒤로
숨어 버린 태양의
옷깃을 잡아끈다

저 하늘에 뜬 달과
그 곁을 지키는 샛별과
무대 뒤의 붉은 태양과

내가 발을 딛고 선
푸른 지구랑 어울려
한바탕 춤을 춘다

여름과 가을 사이
밤하늘 한가운데
반딧불이를 찾아 나선
나는 한 마리
떠도는 미물

낙가산

한곳만
집착하지 않고
기도하는 마음을 찾아
떠도는 산이어라

그 산을 보고는
삼삼오오 모여드는
중생들

내 그대들의
일일 가이드가 되어
번뇌와 동행하는
네 안의 미세 먼지를 거두리라

오늘은
보타락가산普陀洛伽山[1]이
이곳에 내려앉아
눈썹바위 아래로
너른 바다를 안는다

1 　보타락가산普陀洛伽山: 인도의 남단에 있다는, 관세음보살이 산다는 산.

몸과 마음이
하나로 합장하며
관세음보살이 된다

싸리꽃

봄이면 이름 모를
어느 산기슭이나
우리네 삶의 주변을 둘러친
울타리를 따라
알아 달라 보채지 않고
하얗게 웃어 보이는
은근한 미소가 좋았다

비록 화려한 삶을
살지는 못해도
녹록지 않은
이 세상을 맞아들이는
호들갑 떨지 않는
수수한 자태도 좋았다

지난날을 뒤돌아보면
이 세상을 살며
싸리꽃 같은 환한
미소를 전하던
그런 사람들이 좋았다

해마다 잔잔한 봄날이면
있는 듯 없는 듯
싸리꽃 향기로 와서
눈인사를 나누던
인연이 좋았다

산책 예찬

기지개를 켜며 눈뜨는
가로수를 따라서
하늘을 하얗게 수놓는
뭉게구름을 보면서
그렇게 자연의 연인이 되어
나란히 길을 걷는다는 건
삶을 사색하는 것이다

처음엔 가벼운 발걸음으로
잠시 일상을 훌훌 벗어 버리고
나만의 시간과 휴식을 위하여
혼자 산책을 나서 보자
내 몸이 신발이 되어 걷고 또 걷다가
마음의 회랑에 이르러서는
일렬종대로 서서 환영식에 참여하는
아름드리나무들과
가까이 호흡해 볼 일이다

나무들끼리 모여 숲이 되는
이야기를 들어 봐도 좋고
내면의 곤충 호텔과

나뭇잎 관찰소를 만나 봐도 좋다
먼바다가 뭍이 그리워 달려드는
파도 소리에 귀 기울여도 보고
갯벌이 숨겨 온 어패류의 생활상을 살펴보며
느껴지는 삶
그렇게 산책은, 자연이라는
연인의 마음까지 알아 가는 일이다

초록

긴 터널
지나

새순이
돋아나더니

어느새
초록의 세상

기다리지 않아도
올 것은 오고

기다리면
간절해지는

간이역

한 줄기 빛과
같은 것

산마다 우뚝 선
안테나 같은 것

봄의 왈츠

봄은 정을 내걸고
시샘하는 꽃들에
춤을 추자 한다
봄은 내게로 다가와
유혹의 손길을 내민다
이 봄 다 가고 나면
기다림을 또 어찌할까
복숭아꽃, 살구꽃 피어나는
꽃동네를 몇 바퀴 돌자 한다
이즈음의 봄바람과 손잡고
신명 나게 놀아 보자 한다
우리 다 함께 경쾌하게
호흡을 맞춰 보자 한다
이 봄을 시나브로
연둣빛으로 물들여 가는
젊음의 환희를 노래하자 한다
낭만에 리듬을 맞춰 보자 한다
봄이 오는 저 언덕에
피어오르는 아지랑이와 더불어
사랑의 속삭임을 느껴 보자 한다
그런 왈츠로 만나자 한다

빨간 우체통

나의 먹거리는 편지였다
어쩔 수 없이 과식하는 날이 많았다

대개는 일상의 안부를 묻는 편지
가끔은 사랑하는 사람을 잃었다는 소식으로
눈물이 묻어나는 편지
꽃봉오리 갓 입술을 내미는
풋사랑의 편지에
꽃향기를 바람에 싣고
먼 길 떠나는 진한 사랑의 편지까지

기쁨과 슬픔과 사랑을 먹고 살았다

요즘엔 멀어진 사람들의 소식이 그립다
사소한 정도 귀하게 받드는
서로의 마음을 필사하여 교환하는
사람들의 손 글씨가 그립다

내 마음에 새봄이 찾아오는 날
그동안 얼었던 마음을 녹이고
그리움을 먹고 사는
빨간 우체통이 되어 살고 싶다

사랑의 열매

해마다 연례행사로
우리네 숙녀복, 신사복을
단장하던 열매들
초겨울 입구에도
초록의 옷깃을 여미며
그 붉은 열매를 달고
거리에 버젓이 살아 있다
나뭇가지에 사랑이
조롱조롱 달려 있다
사람도 아닌 것이
인정도 없는 것이
다가올 추운 겨울을
어찌 알아 미리 열매를 맺고
스치는 사람들의 손길
그 출신과 행선지는 몰라도
고운 사랑의 빛깔로
거리에 나선 열매들
잊힌 이웃들을 찾아
일렬종대로 늘어서 있다

바다를 무대로 한 풍경

태양은
또다시 떠오르고
느린 우체통이 있는
바닷가

길 잃은 레일바이크가
바람을 맞고 멈춰 선 곳
한가로이 산책 나온
몇몇 사람들
바다의 눈높이에 맞춰
음악이 낮은음자리표로
흐르는 곳

이따금 파도가
뒷걸음칠 때는
기억을 먹고 자라는 바다
태풍 떠난 어느 여름날
삼삼오오 모여드는
사람들에 숨 가쁜 바다

국경 없는 사랑과 여행에
해당화 붉게 피면
개펄이 살아 있다 꿈틀대고
마음이 이끄는 대로
푸른 옷을 벗던 곳
하얀 갈매기 새우깡 물고
바다도 식후경
좋아라 날던 곳

야외무대

초록으로 단장한
보문산,

나들이 나온 사람들
삼삼오오 모여든다

천둥이 치고 나가면
열두 굽이 바람이
따라 춤추고

사물놀이 생음악에
구름이 둥둥 뜬다

장단에 맞춰
비가 내리면
내 가슴이 젖는다

야외무대가 흠뻑
신명 난 소리에 젖는다

내 맘대로 동영상

훗날,
둘이 걷다가

내 애완 로봇에게
보초 서게 하고

산책길에서 맞닥뜨린
헬스 기구를 타다가

뭉게구름이 이뻐서
푸른 하늘을 접어

애완 로봇에게
선물하는

그런 동영상을
연꽃처럼 띄우다

이동 영화를 아시나요?

정미소가 있는
고향 마을,
공회당 입구에서
신청서를 받습니다

여기는 찾아가는
추억 동행, 이동 영화관
물론 신청은 거주민이
아니어도 좋습니다

오늘 하루
원하시는 상영 영화명과
희망 사항을 손 글씨로
개구멍 허용은 알아서
아이들만…
들키면 무료입장 안 됩니다

가수 오빠를 둔 이쁜이도 두리번
옆집 수굴이를 앞세워
낮에 익혀 둔 개구멍을
무사통과합니다

그리운 얼굴
빼꼼히 드러내는
가을밤의 이동 영화는
우리 모두의 잔치입니다

값진 개근상

우등상보다 더 값진
개근상을 안다
눈이 오나 비가 오나
십 리 길을 간다
상장 하나 받겠다고
딱히 욕심을 낸 것은 아니었다
안개 낀 날씨를 걷어 내면
내 인생에 결석이란 없다
자신과의 경주였다
지금껏 잘도 버텨 주었다고
마음 한구석
모르고 살았을 그 어디쯤
누런 표창장에서
대견한 이름 석 자 받아 들고
너는 너에게
나는 나에게
추억을 선물하고 싶다

아까시꽃이 피었습니다

반복되는 일상에
인생은 시시해
길가에 핀 꽃들에도
관심이 시들해
오늘도 여느 때처럼
보는 둥 마는 둥
그냥 지나칠 뻔했습니다
아까시나무 왈
여름이 다가오면
온통 내 세상이야
아까시나무는 늘씬한 몸매로
사방을 휘젓고 있습니다
내 허락 없이는
절대 입맞춤은 없어
혓바닥엔 여기저기
가시를 준비했습니다
마음은 바람을 타고
하얀 향기를 분사합니다
열 일 제치고, 우리
남의 눈치 볼 것 없이
저 달콤한 꿀벌의 나라로 가자며
유혹의 손길을 뻗칩니다

하늘텃밭

하늘텃밭을 이용하시는
주민 여러분께
한 말씀 드립니다
여기 하늘텃밭은
개인 소유 아닙니다
개발 전까지만
1년 단위로 무상 임대
거듭 말씀드리지만
지신地神 따로 있습니다
자기 구역이 아닌
텃밭은 손대지 마시고요
욕심만 내놓고는
잡초 자라게 놀려 두지도 마시고요
부메랑 되어 주민 잡는
그런 쓰레기,
아무렇게나 버려두지 마시기를
종자는 알아서
취향대로 가꾸세요

호박

사람들은
푸른 잎사귀를 두른
애호박이 좋단다
그래도 호박은
싱싱해야 맛나다며

여름내 꽃들만 피우고
들킬세라
실한 몸뚱이를 숨기더니
늦가을 들판에, 덩그러니
남겨진 늙은 호박

나의 가치를 알아줄
손길은 어디에 있나

안방으로 들이면
잘 익은 마음은
샛노란 영양만큼이나
넉넉하다

예쁜 사랑

가녀린 목에
짙푸른 스카프를 두른
세계적인 미항美港
이곳은 시드니

여느 선술집에서
한잔 술로 시작한
두 남녀의
첫 만남

그 우연한 만남은
인연의 끈으로 이어져
한 아름 꽃을 닮은
예쁜 사랑을
피웠지

두 연인의 정체는
다름 아닌
북유럽 덴마크 왕자와
현대판 신데렐라

인생이라는 항해를
영원히 함께하기로
서로의 마음을 내걸고
하늘에 약속하였지

마치 동화 속
운명 같은 만남의
그 옛날 신데렐라처럼

봄비

간밤에 고운 님 울고 가셨는지
겨울이 시새움하는 새벽길엔
살포시 젖어서 흙 내음만 날리고
고운 님 스쳐 간 발걸음 소리는
쫑긋 귀 기울여 본들 기척도 없네

어젯밤 고운 님 눈물 보였는지
새봄이 뒷걸음치는 출근길엔
웃을 듯 말 듯 꽃봉오리만 반기고
고운 님 나직이 속삭이던 모습은
눈을 비비고 찾아 봐도 간 곳이 없네

2부

인간과 사회 현실에 대한 풍자

극복 의지를 전하다

수옥폭포에서

옛 선비들이
줄지어 거쳐 갔던,
산새들 넘나드는 새재를 넘는다

발길이 닿는 대로 내려서다
구름을 이고
좌선을 구하는 몸

하얗게 부서져 낙하하는 물방울이
바위에 구르는 옥구슬을 닮아
수옥폭포라 했나

홀로 가을 단풍에 흠씬 취하여
한결같이 쏟아지는 폭포 소리에 묻히면
살아온 인생사 모두 씻을 듯하네

단지, 수옥을 만나
눈동자에 거슬리는 것은
저 바위에 새긴 유명 인사의 이름

어느 누가 권세를 가지고도
무엇이 모자라
이 선경仙境에 와 흠집을 내었나

자연이라는 아름다운 마음에
이렇게 못난 짓을 해 놓고도
부끄럽지 않은지…

쑥대밭이라니

여기는 쑥의 나라
이른바 쑥들의 전성기
밭갈이하지 않고 묵혀 둔 밭을
쑥의 무리가 은근슬쩍
주인인 양 점령하고 있다
사람들이 한눈판 사이
마음껏 본성을 드러내고 있다

그런데 언제부턴가 사람들은
뜻을 제대로 새겨야 하는데
본래 의미를 변질시켜
아무 생각도 없이
덤터기를 씌운단 말이야
까놓고 얘기해서
우리 모두 같이 사는 세상인데
오로지 본인만 챙기는 사람들이
할 말은 아니지
내 삶의 터를 감히
쑥대밭이라니

어쩌다 몸살

열대 저기압에서 태동한
태풍 카눈의 향방은 안갯속
마이 웨이를 고집하며
후끈한 한반도를 한바탕 훑다가
또 다른 태풍 란에 바통을 넘긴다

태평양 한가운데
한 점 섬 하와이에서는
붉은 화마가 뿌연 연기를 토하며
얼굴을 할퀸다

대륙을 가로질러
멀리 북유럽 해안
살기 좋았던 노르웨이에도
때아닌 물난리가 습격한다

급격히 나빠진
우리 지구촌의 건강 상태
하늘과 땅이 몸을 뒤척일 때면
거기 뿌리내린 사람과 초목까지
심한 몸살을 앓는다

실개천

내게 당분간
추어탕은 없다

강산이 변하더니
세상마저 변한다
가장자리마다
버드나무가 늘어진
우리 동네 실개천
물도 변할 것 같다

오늘은
구청, 시설 공단, 주민 센터
직원들이 깨끗한 마음을 모아
공원 실개천에
내 어릴 적 추억의
그 미꾸라지들을
방생放生한다

망향望鄕

지구 한편
북태평양
어드메 떠돌다가
인간 시장이란
시공간에 팔려 와

오늘 개소식에
출현한, 북어 한 마리
실타래를 물고
무언가를 기다리고 있다

그네들이 염원하는
행운과는
아무 상관 없이
북어 한 마리,

허공을 맴돌며
망향의 바다를
헤엄치고 있다

밥그릇

"밥은 드셨나요?"가
안부 인사가 되고
밥 많이 묵으라는
덕담이 오가던 시절

한 지붕 가족으로 만나
마주한 밥상머리엔
부족한 것 많아도
도타운 정만큼이나
유독 밥그릇이 컸지

아침밥 거르는 일이
예사가 된 오늘
단출해진 밥상머리에서
밥그릇을 마주한다

창밖은 아직
밥그릇 싸움으로
소란스러운데

예나 지금이나
사람들 곁 지키며
말없이 제 몫을 다하는
고만고만한 그릇들

멀미

여보시오, 이웃님들
내 말씀 좀 들어 보소
세상을 들여다보고 있자니
멀미가 나는구나
수평선에 닿아 보려
배에 몸을 실은 것도 아니요
이 몸이 하늘을 겉돌다가
급하게 회항하는 것도 아니요
열차와 버스를 번갈아 타며
가깝고도 먼 금강산, 백두산을 찾아
헤매는 것도 아니요
웬 멀미일꼬?

거친 숨을 진정시키며
눈을 치켜뜨고 창밖을 보니
함박눈은 온데간데없고
미세 먼지와 혼합된 노이즈만 가득하구나
선거 판이 요동을 치는구나
주식 판도 요동을 치는구나
며칠 사이에 바뀔 일이 있으련만
이놈이 치고 나가면, 저놈이 사과를 하고

저놈이 치고 빠지면, 이놈이 쇼한다 나서고
바다 건너 날씨는 소나무처럼 푸르러도
이곳, 날씨 아닌 날씨가
저놈 탓인지 이놈 탓인지
참으로 변덕이 들끓는 듯하구나
여보시오, 이웃님들
이렇게 멀미가 심한 날엔
차라리 혼자 눈을 감고, 귀를 막으면 좋으련만
이 세상은 어찌할꼬

식물 국회

기자님들, 제발
상황에 맞게 써 주세요
생각 없이 식물 국회니 그런 말
입에 올리지 마시지요
일 열심히 할 때는
식물 국회가 맞지만
놀면서 말장난하는 국회를
식물 국회라니요?

더 이상 식물의 눈높이를
낮추지 마시지요
틀에 갇힌 시대의 식물로
몰아세우지 마시지요
참는 것도 임계치가 있겠지요
기자님들은 귀담아들으세요
몰랐다면 몰라도
이 청원 보았으니 이젠
비하 발언 멈춰 주시지요

누가 보든 안 보든
묵묵히 일을 하는 식물들!

햇빛의 고마움을 몸으로 느끼지요
흙의 풍성함을 마음으로 감싸지요

소모품과 부속품

하늘까지 흐린 어떤 날
사람들은 참다 참다
끝내 절망하며

그들과 아무 상관 없는
소모품과 부속품을 가져와
들먹였다

한때 애국과 자유라는
화려한 미명美名하에
총알받이가 된 병사들은
소모품으로 전락해 버렸고

언제부턴가
못난 학부모의 갑질에
시달려 온 학교 노동자들은
부속품으로 변해 버렸다

그런데 만약 이 세상에
꼭 필요한 소모품이 없었다면
그리고 혹시라도

절대 빠져서는 안 될
소중한 부속품이 없었다면

이 세상을 꿋꿋이 지켜 낸
그들이 없었다면

어허

초등학교 근처
어린이 보호 구역
횡단보도 신호등은
아직 빨간불이다

신사복 차림의 어른이
출근길 급한 마음에
경계석을 넘어
한 발을 덥석 내디딘다

그때 "어허" 하며
누군가 소리친다
뭘 그리 급하실까
따끔하게 혼을 낸다

모습은 초등학교 저학년인데
목소리는 엄숙한
호랑이 선생님

어린이 보호 구역에선
나이순이 아니라

바른 생활을 하는
어린이가 왕이란다

오늘 아침
당돌한 꼬마 앞에서
신사는 그만 체면을 구기고 만다

거울 공주

전화기 너머
안부 인사가 대충 끝나면
술술 이어지는
그녀의 뒷담화가
신나는 오후

걔는 허구한 날
출근하고 퇴근할 때
거울만 사랑하는
거울 공주야

앞에서는 활짝 웃고
돌아서선 비웃는
두 얼굴의 여수
거울 공주야

제발 제 속마음을
들여다보았으면 좋으련만
마냥 겉멋에 빠져 사는
거울 공주야

길고양이

며칠 전부터
도통 눈에 뵈지 않는
귀여운 새끼들

달빛이 고요하던 날
오랜 보금자리
차마 잊을 수 없어
다시 찾았건만

그날따라 웬 맛난 냄새
들어서다 툭 치니
철컥!

물러설 수 없는
낯선 눈길과
서로 마주치더니

오늘은 멀리
바람에 하얀 억새들만
나부끼는 곳,

하늘정원에 귀양 온
고양이 부부

무인기無人機

탑재된 임무를 띠고
몸을 낮춰 선을 넘는다
눈을 부릅뜬 채
비밀스러운 탐사를 한다

우리들은 철저하게
사람의, 사람을 위한
사람에 의한 아바타다

너와 내 안에는
예비한 지령만 남고
정작 주인이 되어야 할
사람이 없다

같은 하늘을 날면서도
서로를 품어 줄 마음이
내려앉을 곳은 아직 없다

검과 칼

물건이 있으면
그 쓰임이 있다
양날이면 검이라 하고
보통은 칼이 된다

일찍이 장수는
명분이 섰을 때만
전쟁터에서 검을 썼고
섣불리 검을 뽑지 않았다

한편 우리 가정에서는
요리를 위해서만 칼을 썼고
그것을 화목으로 알았다

이 세상에 뜻을 품고
나온, 검과 칼인데
짐승도 아닌 사람이
생각 없이 아무렇게나
휘둘러서야 쓰나

그릇

흙으로 그릇을 굽는다
못난 놈!
망치로 깬다

또 못난 놈!
망치로 깬다

실수로 박살을 면한
못난 놈이
누군가를 만나서는 쓸모를 얻는다

비록 예술의 전당에서
은은하게 빛나지 않아도
눈에 띄는 무늬가 없어도
잘만 쓰이고 있다

그릇이 있어
일용할 양식을 담는다
지금 이대로 마음을 담는다

난중일기

- 경자년庚子年 삼월 열이레

안면에 마스크를 쓰고 외출한다.
휴대폰으로는 안전 안내 문자가 뜬다.
뉴스 속에서 어제의 이웃이 확진자가 된다.
오늘의 가족이 유증상자가 되어 격리된다.
백신의 상용화는 아직 멀고
아무나 가까이하기에는 위험한
소리 없는 전장戰場
그리고 도시마다 갈 곳을 잃은 개미들의 행렬
그해 봄은 또 푸른 하늘을 몰고 찾아왔지만
꽃이 피기도 전 사람들의 마음은 움츠러들어
무더기로 무너져 내렸다.

- 경자년 오월 초열흘

해마다 웃음으로 환했던 꽃밭에서는
오월을 맞아, 꽃의 모가지가
사정없이 잘려 나갔다는데
긴급재난지원금이 참으로 오랜만에
어렵게 시장에 풀렸다는데
어제는 서울 이태원 클럽에서
다시 코로나가 번졌다는 소식

오늘은 오랜 가뭄 끝에
이 세상에 고마운 빗발이 떨고
막 밭일을 끝내고 집으로
돌아가는 길
하얗게 세어 버린 시름 모두
바람에 날려 보낸 버들가지에
나도 잠시 너처럼 늘어져
푸르른 마음을 닮고 싶어라.

- 경자년 오월 그믐

거리가 비틀거린다.
소문이 매일 아침
꼬리에 꼬리를 문다.
자고로 건강하려면
몸에 피가 돌아야 한다.
하여 시장 바닥에 돈이 풀린다.
차츰 전신에 온기가 돈다.
아직은 그대 춤추는 욕망이 버겁다.
닫혀 버린 마음의 창이 두렵다.
오래도록 지친 마음에
나는 너에게, 너는 나에게

희망의 백신을 접종하고 싶었지만
어렵게 귀가한 오후,
마음의 평화는 멀다.

- 경자년 시월 스무이틀

화려한 외출을 생략한 지도 오래
어느덧 앞산에 단풍이 들고
반갑지 않은 황사가 밀려왔다.
그해 봄에는 적어도
해를 넘기지 않을 거라고들 했다.
어느 순간 이제부터는 포스트 코로나가 아니라
한동안 함께 가는 거라 했다.
견디고 또 견디는 연기를 배우지 않으면
안 된다 했다.
사람들의 발길이 끊긴 삶의 텃밭은
푸른 하늘길로 이어지지 못하고
점차 활력을 잃어 가고 있었다.

- 경자년 섣달 스무나흘

이 전란의 끝은 언제?
오호라, 몸이 멀어지니

마음마저 멀어지는구나.
오늘은 기상과 함께 한 단계 올린
공습경보가 발령된다.
또 다른 나라에서는 적敵이 되어 나타난
코로나가 변이를 일으킨다는 소식
하늘을 향한 포는 짙은 연기를 쏘아 올리고
일제히 바다를 건너 일상에 침투하는
미세 먼지의 무리까지.
마음마저 빼앗길 수 없어 마스크로
무장한 사람들이 아직 서로를 경계하는 곳
그리고 머지않은 어느 날
반가운 백신을 싣고 오는 바람이 있어
언제 그랬냐는 듯, 이 뿌연 하늘을 밀어내겠지요.

- 신축년辛丑年 삼월 스무여드레

"Closed"
단지 내 상가 미용실 입구
굳게 입술을 다물고 있다.
단골손님 하나둘 똑똑 노크해 보지만
귀가 막혀 있다.
캐나다로 유학 간 그녀의 외동딸

엄마의 가슴엔 바다 건너 들려온
딸의 마지막 목소리가 생생한데
며칠 전 코로나로 세상을 떠났다는
소문만 사이버 공간을 떠돌았다.
지구촌엔 점차 백신 접종도 늘어만 가고
전란은 저만치 끝이 보이기 시작하는데
이웃은 하늘이 그녀로부터 희망을
훔쳐 가 버렸다고 했고
혹자는 남의 말 하듯 부양하던 그녀가
마침내 딸로부터 해방되었다 했다.

- 임인년壬寅年 이월 초나흘

너도나도 많이 지쳤다.
이제는 난중일기를 탈고하고 싶다.
지난 일기장을 펼치면 하나같이
회한과 희망이 교차한다.
마음의 창을 활짝 열고 새봄을 맞이하고 싶다.
지금, 이 순간이 절정이라고 믿고 싶다.
그날의 느낌이 묻어나는 몇 잎의 기록일망정
우리들의 상흔이라는 이름으로 전하고 싶다.

1인분

대가족은 옛 추억
시대가 점차 변하더니
이제 우리나라도
1인 가구가 대세란다

하여 편의점을 찾는
요즘 보통 사람들에게
간편식 1인분은
갖가지 맛으로 생겨나
손님 대접을 받는다

설사 1인 가구가 아니어서
가족이 함께 모여 산다 한들
근무일과 출퇴근 시간이
각기 다른 경우가 다반사

항시 부족한 생활비도 생활비려니와
음식 솜씨 또한 딱히 없으니
오늘도 살갑게 대화할 이 없이
본인이 알아서 그렇게
1인분으로 살아가는 삶

단둘이 만나기로 했다

당신과 나 사이엔
한동안
적당한 거리감과
약간의 아쉬움과
때론 팽팽한 긴장감이
자리하고 있었다

오늘 밤엔
서로 마음을 트고
단둘이 만나기로 했다
이전의 다른 동석자同席者 없이
한 자루 촛불이 되어
어둠을 물고 타올라
뜨거워지기로 했다

그날만큼은
젊은 연인으로 만나
사랑을 나누기로 했다
그렇게 뜨거워지는
청춘이 되어 보기로 했다

장지葬地에서

바람이 세차게 불던 날
또 하나의 생과
이별하고 있었다

그래도 산 사람은
살아야 한다며
장지葬地에 모여든 사람들은
추위에 떨면서도
천막 안에 앉거나 서서
급하게 차려진 음식을
목구멍으로 넘겼고

생계를 책임진 한 가장家長은
심술 난 바람에 천막 폴대를
굳게 잡고는 놓지 않았다

여느 해처럼 그렇듯
주변에선 마른 도깨비바늘들이
스치는 옷깃에 달라붙어
다시 시작할 곳을 찾고 있었다

오늘은 날씨가 비록 스산하지만
머지않아 봄은 찾아들 것이고
그러면 이곳에도 새싹은 돋고
이름 모를 들꽃도 피어나겠다

칼데라

내 몸 안에 흐르는
뜨겁고 붉은 피
살아 낼 틈을 찾아 떠돌다가
때가 왔다며
감정에 균열을 내고
분출하고 있다
젊은 혈기는 넘쳐
새로운 세상을 꿈꾼다
나목裸木들을 길러 낸
굳센 의지는 함몰되어
가마솥으로 변하고
그런 칼데라에는
차츰 생명의 물이 고인다
얕게 또는 깊게
좁게 또는 넓게
딱 그만큼의 하늘을 비추는
내 안의 칼데라

녹두 장군

하이 서울!
참으로 오랜만에
서울 나들이에 나선
새싹들이 인사를 한다

문득 마주친
역사 교과서로만 읽던
녹두 장군 할아버지

21세기에 들어서야
서울을 점령한 그가
눈을 부릅뜨고 말하기를

거리를 몰려다니는
사람들을 붙들고는
"니들이 진정
내 마음을 알어?"

높디높은 빌딩들을
아래로 내려다보며
"니들이 감히
백성의 마음을 알어?"

자수하십시오

텃밭에 꿈을 심었다
가을에 거둘 결실을 생각하며
과일나무를 심었다
몇 해를 무럭무럭
잘도 자라던 과일나무가
작년 봄엔 단체로 냉해를 입어
꽃을 피우지 못했다
고민에 고민을 거듭하다가
그래도 바닥난 살림살이에
포클레인 품을 사서
뿌리를 뽑기로 한다

올해는 꿀벌들이
또 무더기로
실종되었다는 소식
가뜩이나 사람 간의 싸움질로
물가는 유가와 곡물가를 따라
하루가 다르게 치솟는데
이 세상에서
자연의 일꾼들이 사라졌으니
앞으로 공생할 일이 큰일이다

하여 정신 줄 놓을 수 없는 노후에도
지구촌을 이어 주는
사이버상에 광고를 낸다
이상 기후에만
책임을 떠넘기지 말고
이제는 제발 자수하십시오

개미

내년에는 토양 살충제를
써야 하려나

좀먹은 감자를 캐고 있다
밭이랑을 파헤치며
개미와 싸움하고 있다

인간이냐, 개미냐
누가 먼저인지
지구의 역사를 들먹이고 있다

평화로울 줄 알았던 곳이
싸움터가 되고 있다
난 감자만 캐내면 그만이지만
개미는 개미대로 생존을 건다

임무를 끝내고
돌아온 며칠 동안
싸움의 흔적이
지워지지 않는다

완전 무장이 덜 되었던
손목 여기저기엔
벌겋게 작은 화산이 솟고 있다

불야성不夜城

자 가자! 우리
밤이 없는 나라

하루해가 짧아서
욕심이 고파서
찾은 성이 거기 있다

그대 젊음은 주홍빛,
24시간 영업 중

쌓고 또 쌓아 올려 보지만
어제의 성이
다시 와르르 무너지는

한여름 밤의 모닥불을 떠올리며
새벽 잿더미 속에서
건져 올린 내 영혼

치고 또 쳐 보지만
함락되지 않는 내일
끝나지 않은
불야성이 거기 있다

9.0

마트로 가는 길목
지날 때마다 얼굴을 내미는
리디노미네이션[2], 9.0

이미 시행 중이다
소수점 뒤는 언제나 0이다

여름 바다로 떠나는 길
근처 무인 자동판매기에서도
이미 미래는 와 있었다

시간 여행을 다녀온 사람들에게
집값엔 0이 너무 많았다
0이 많아 너무 어지러웠다

그곳의 사람들은
더 이상 숫자의 착시를
혼란스럽지 않아 했고
거리엔 백만장자가
흔하지 않았다

---

2 리디노미네이션Redenomination: 통화의 가치를 재조정하거나 새로운 화폐 단위를 도입하는 과정에서 통화 단위를 재정비하는 것.

또 나왔네

평소엔 생업으로
보통 사람을 닮아
살다가

코로나 기승을 부리던
그때 지하철 입구나
인생길을 기다리는
어느 버스 정류장에서

벽보가 붙는 해
이맘때쯤 꼭 출현해
무소속이라 더 깨끗하다며
열변을 토하던 백 씨

맨몸 하나로
희끗희끗 백발로
9전 9패
외길을 가는 사람

오늘도 가는 길마다
개나리 노랗게 물들이며

가슴을 온통
진달래로 분칠하는
봄바람을 타고
이 세상에 또 나왔네

어여 백 씨
희망을 한 아름 안고
또 나왔네

수출 한국

간판 수출 품목 13개 중 9개
와르르
글로벌 먹구름이 밀려온다

그러나 더 이상 떨지 말자
쫄지도 말자
이달의 수출 주요 품목은
'임을 위한 행진곡'

대. 한. 민. 국은
유형의 수출에서
무형의 수출로 진화하는 나라

무엇으로 사느냐에서
어떻게 사느냐로
촛불이 되어 반짝이던 나라

붉은 악마의 열병을
아시아에서 지구촌으로
전염시키는 나라

게임은 즐기는 것
우승하면 좋겠지만
아쉽지만 잘했구나
그렇게 다독일 줄 아는 나라

3부

―

소소한 일상의 소중함

온전한 공동체를 꿈꾸다

명일동 이야기

지하철역이 있고
아파트가 우뚝 선
근처, 그윽한 산자락에
자리한 2층집
그곳에 들르면
귀한 차를 마신다
차의 맛과 자연의 멋을 아는
주인장을 잘 만나
산새 소리들도 모여 산다

비둘기에도 종류가 있단다
마음씨가 있단다
도시 길거리에서 온 비둘기와
자연을 고즈넉이 즐기는 비둘기
내는 목소리까지 다르단다
그러다 어떤 날이면
참새 두 마리 쌍으로
정찰병으로 왔다가
이내 무리를 이끌고
먹이를 찾아 날아든단다

정장

그녀는 귀가 닳게
말하곤 했다
자기는 작업복이 싫었단다

그이의 출근을 위해서는
한결같이 새하얀 와이셔츠와
빨간 넥타이를 준비했다

그러던 그녀가 나이를 먹더니
걍 편한 캐주얼이 좋단다
물론 그도 삶을 조이는
넥타이는 사양이다

그래서 요즘은 자연스럽게
그들 부부의 정장은
봄 여름 가을 겨울
대부분의 계절을
옷장 안에서 지낸다

한성 옛터

실핏줄 같은
물줄기로 흐르다가
아리수에 와 닿으면

하늘 높은 줄 모르고
솟아오르는
현대식 빌딩 숲에
화려한 네온사인

오랜 세월
아무런 관심조차
받지 못하다가

서울 변두리
재건축 아파트 밑에
구렁이처럼 똬리를 틀고
긴 잠에 빠졌다가
그 위용을 드러낸다

문명의 꽃이란
이 세상에 나와

활짝 피었다가
때가 되어, 그렇게
흔적을 남기는 법

한성 옛터에 들러
잠시, 바쁘게만 돌던
시곗바늘을 세우고
이 땅에서의 지난한
흥망성쇠를
반추하는 시간

지붕

반평생 밭을 일구며
농가를 지킨 노인은
겨울이 올 때마다
땔감 걱정을 한다
멀지 않은 산비탈에
할미는 누워 일어날 줄 모르고
요즘엔 마음이 차지 않으면
다행이라 여긴다

주말이면 누군가를 기다린다
홀로 살아 내며 그렇게
심신도 점차 지쳐 간다
그제는 강풍에 지붕이 날았다
하루하루 마음을 다스리며
이제껏 버텨 왔는데
아뿔싸 뚜껑이 열렸다

비용을 아끼려 땜질만 할까
여러모로 고민도 하였지만
아직 몇 년을 더 살지 몰라
인부를 사서

날아가고 남은 것들을 걷어 낸다
새로 지붕을 단장한다
그날 밤 단장한 지붕 위로는
둥근달이 가만히 내려앉는다

과수원 옆 요양원

요양원 창밖으로
과수원이 가까이 보인다
사과나무가 주렁주렁 열매를 달고
세상 사람들에게 자랑하고 있다
밖을 이렇게 내다볼 수 있다는 건
행복이다

살아서 나갈 수 있을까
아무렇지 않게 걸어 나가
저 사과나무와도 함께할 수 있을까

"이제 그만 갈까"
작별 인사를 하려는데
들릴 듯 말 듯
"더 있다 가"
라며 떠나려는 마음을 잡아끈다

돌아오는 길가
예상치 못한 어느 새의
죽음을 생각하고 있다
이제 살 만큼 살았을까

그래도 살아야 하는 것이
생에 대한 미덕일까

반지하

불확실성의 시대를
사는 잡초들
밟힐 때마다 살아 내기 위하여
수직이 아니라도 좋다며
차선인 수평을 선택한다
보도블록 사이로
잡초가 꿈틀대며 희망을 향해
머리를 내미는 곳,
근처 반지하에서는
잊힌 사람들이 함께 산다
먹구름으로 뒤덮인
하늘이 빗물을 토하는
날이면, 마음은 이리저리 헤집어지고
눕고 앉을 자리마저 편치 않건만
그래도 저기 저 잡초처럼
빛을 찾아 손을 뻗치며
이 고립된 도시에서 살아 보자며
나라와 이웃의 반짝 관심에도
벗어 버리지 못하는 근심을 안고
힘겹게 버티며
살아가는 사람들이 있다

V

매서운 겨울바람에
춥지 말고
아직 갈 길 멀다며
기죽지 말고

다가올 더 따듯한
미래를 향하여
우리, 함께 날자

새해 아침으로
날아오르는
저 기러기 떼처럼
우리, V자로 날자

겨울 나목裸木이
꽃봉오리를
터뜨리는 날
우리, 닫힌 마음 열고
다 같이 웃자

경계境界

플랑크톤의 지난한 입질,
자궁 안과 밖
0과 1
중력과 무중력 사이

의식과 무의식
무한과 유한
전체와 개체에 대하여

그 교집합의 답안을 요구하는
당신,

어쨌거나
오늘 한낮에도
그 사이를 별똥별이 진다

이사

이곳엔 처음 사시나 봐요
세상이 잘 보이라고
창문도 매일같이 닦고
마음 한가운데는
우물을 파고
버들가지 늘어진 개울이
허리춤을 지나는
이곳엔 첫걸음인가 봐요
이 세상의 돌다리
처음 건너시나 봐요
당신이 함께 걸으면
가시밭길도 꽃길이 되어
행복이 꽃피는 마을
이곳에 귀한 손님으로
처음 오셨나 봐요

비빔밥

먹어야 산다
골고루 갖춰야
비빔밥이 맛을 낸다

고기만 먹고
살 수는 없다
콩나물, 시금치에 고사리
이것과 저것을 넣는다

자유와 평등이라는
양념에다
우리네 생활비를 섞고

마음만 끌어안고
살 수는 없어
지친 몸뚱이를 살핀다

눈과 입을 위하여
색깔과 맛깔이 조화를 이룬
그런 비빔밥을 찾고 있다

사랑의 포물선

포환던지기 선수가 되어
사과를 허공에 던지는
연습을 하고 있다
사랑을 허공에 던질 때마다
포물선을 긋는다

여자 선수가 던진 사과가 높게 난다
그만큼 멀리 날지는 못하지만
남자 선수가 던진 사과는 멀리 난다
멀리 나는 만큼 높을 수가 없지만

포물선이 불일치할 때마다
파열음을 낸다

물론 여자 선수가
멀리 던지는 경우가 있다
간혹 남자 선수가
높게 던질 수도 있다

뛰어난 선수라면 남녀 모두
더 높게 더 멀리 날아
사랑의 자연법칙을 깬다
투포환 종목에서 신기록을 세운다

짬짜면

짜장면을 먹을까
짬뽕을 먹을까

손님의 니즈를 수용하여
둘 다 먹는 방법을 연구하다
정식 메뉴로 등극한 지 오래

처음에는
맛보기로 시작을 했겠지
가끔은
아니라는 소리도 들었겠지

그렇게 손님들에게 눈도장을 찍으면서
반반이 된 짬짜면이
사례가 된다

물러난 것도 아닌 것이
자리를 지키는 것도 아닌 것이
반퇴 인생으로 환영받고

같이 사는 것도 아닌 것이
헤어진 것도 아닌 것이
졸혼이란 독립체로 인용이 되는 세상

오늘은 짬뽕으로 가자고 하고
누구는 짜장면을 고집하지만
짬짜면이면 또 어떠하리

용두골 아리랑

저녁 어스름이
자욱이 밀려오면
삼삼오오 뭉쳐서
기웃대던 용두골

오랜 맛집이 즐비한
서대전 네거리 근처
용두시장 골목을
우리들은 줄여서
용두골이라 즐겨 불렀다

진한 소주보다는
컬컬한 막걸리 몇 사발
안주도 없이 들이켜고는
수고 많으시다며
점주에게도 한 사발 권하면
우리 모두가 시장 사람

그렇게 인생의
진국을 논하다가도
일 차가 끝나기도 전

취기가 돈다며
귀가를 서두르던 선배

세월이 흘러 이제
골목 풍경도 바뀌고
인심까지 변했겠지만
그때 그 정겨웠던
우리들 삶의 뒤안,
용두골 아리랑이 되어 남는다

무명 시인

요즘 같은
인플레 시대에
단돈 이천 원
게다가 무한 리필

옛 입맛을 우려내는
국숫집 할머니는
마음마저 푸짐한
무명 시인

하루 시장기를 덜고
치를 돈 없어 냅다 도망치는
한 젊은이의 등을 향해 던져진
십여 년을 고이 간직한 말

"뛰지 말어, 다쳐!
배고프면 또 와"

오늘 하루

오늘 하루
정작 웃지 못했다

일상을 쪼개서
웃는 순간으로
할애하지 못했다

그런 하루가 어찌 보면
인생의 축소판일지도
몰라

멀리서 찾아온 멘토
찰리 채플린이 감히
내 인생에 참견을 했다
웃지 않으면 진 거야
당신 실수한 거야

인정하기 싫겠지만
당신 오늘 하루
허투루 산 거야

비단잉어의 꿈

사람들이여!
'코이'라는 비단잉어를
알랑가 몰라

어항이나 조그만 수조에서
그만큼만 숨 쉬면
겨우 8센티미터쯤에서
생장을 멈춘다나요

또 작은 연못이나
커다란 수조를 무대로 유영하면
수십 센티미터로
자라나기도 하고요

거기다 큰 강이나
호수에서 어울려 활동하면
무려 120센티미터까지
몸집을 키운다지요

변화무쌍한 인생을 무대로
비단잉어의 꿈을 안고

우리 함께 살아 볼까요
홍익인간을 꿈꾸는 세상
키워 가기 나름인 걸요

번계산장[3]을 생각하며

무엇이 시를 사치라 여겼을까
문밖에서만 가꾸며 보듬던 연꽃들을
만년에 와서야 마음 한편에 심는다

나무 심기는 기본이 십 년
손수 일구고 몸으로 실험해 온 지 얼마던가
산장의 노인장은 잠시 일손을 놓는다

몇 송이 연꽃으로 시작한 삶이
내년에는 수십 송이로 불어나고
후년이면 내년의 제곱으로 번져 나가
향기도 피워 내고 제맛을 낼 터

북한산 근처, 가로지른 산비탈 앞
나지막한 언덕이 뒤로 누운 번계산장에
곡식과 꽃과 나무의 지식이 빼곡히 쌓인다
실용화한 열매를 수확해선, 촌부들과 나누며
일하는 기쁨까지 덤으로 누린다

---

3 번계산장: 『임원경제지』를 저술한 풍석 서유구(조선 후기 실학자)가 만년에 여생을 보냈던 곳.

연꽃을 스치는 그의 살갗이
저기 저 임원에 드는 햇살로 파랗게 탈 때면
미처 알아보지 못했던 고전의 향기에
눈썰미 있는 사람들이 새록새록 모여든다

멀리 또는 가까이

때로 멀리 보면
아름답다
겉모습으로 바라보는
파란 바다가 그렇다
바다 곁에서 해마다
나이를 먹으며 커 가는
푸르른 소나무가 그렇다
매달 이맘때면
환한 얼굴을 하고
쓸데없이 바쁜 우리에게
인사하는 보름달이 그렇다

어쩌다 가까이 다가서면
또 다른 세계가 보인다
파도가 다가와 마을을 삼키고
정박한 삶이 불빛을 잃을 때마다
거친 발톱을 감춘
섬뜩한 바다가 그렇다
해송의 등을 오르내리는
작은 벌레들의 움직임과
여기저기 드러난 속살

남모르게 아픔을 삭이는
소나무의 상흔이 그렇다
사람의 발길이 닿은 달
물과 희귀 광물을 품은
그들의 신대륙이 되어 가는
가까운 미래가 그렇다

같은 듯 다른 우리

둥근 하늘의 뜻이었을까
반듯한 대지의 마음이었을까
손길에서부터 숨결까지
하나같이 같은 듯 다르다

우리가 같다는 건
이 세상에 뿌리를 박고 산다는 거
하늘을 향해 꽃을 피우고 있다는 거

너와 내가 다르다는 건
비슷한 듯 키가 차이 난다는 거
넌 속이 차 있고 난 속이 비었다는 거

바람 부는 날이면
너는 억새가 되어
은빛 머리칼을 휘날리며
산이나 뭍에 누워
바람 부는 대로 흔들린다지만

노래가 생각날 때
나는 갈대가 되어

갈색 피부를 드러낸 채
습지나 물가를 찾아
베이스 톤으로만 노래한다는 거

황무지

팔리지 않는 땅
버려진 터에는
마른 잡초가 자랍니다
쓰레기 더미에서는
아까시나무가 뿌리를 내립니다

먼 옛날 이곳은
푸른 혀로 넘실대는
바다였는지 모릅니다
견디다 더 이상 어쩌지 못하고
뜨거운 불을 토하다
식어 버린 고원이었는지도 모릅니다

황량한 벌판에 닿은 마음
마냥 놀려 둘 수는 없습니다
불도저로 나무뿌리와
마른 잡초를 걷고
너른 꽃밭을 조성하기로 합니다
그리고 희망의 꽃씨를 뿌립니다

머지않아 개간된 땅에는

계절이 다시 찾겠지요
유채꽃을 거느리고 봄은 오겠지요
가을바람은 코스모스를 바라보며
한없이 손짓하고 있겠지요
하늘 아래 황무지는 꽃밭이 되어
사람들과 벌들을 모여들게 하겠지요

인생은 이제부터야

주민등록 생년이
늦춰졌다며
꼬박 정년을 채운 그가
몇 개월도 안 되어
새로운 일자리를 구했다며
어느 날 갑자기
잊힌 이름을 찾아
반갑게 신고를 한다
그래도 지금껏 이어 온
이 세상의 인연이 반갑다고
나도 인생 공부 제대로
시작해 볼란다고
맞아, 친구여!
후반 판세는 아직
인생은 이제부터야
어제 이긴 것이 이긴 게 아닌…

포털 바다

포털이라는
가상 공간의
이곳 바다에선
경계가 없다
국경선이 없다
육해공 탈것이 없어도
남녀노소 누구라도
목적지를 향하여
헤엄칠 수 있다
오대양 육대주를
선플과 함께한다면
돌고래처럼 힘이 솟는 곳
이곳 포털이라는 바다는
때로 잠들지 못하는
온갖 지식과 새로운 소식
한없는 욕망들로
출렁이곤 한다
출처를 알 수 없는
감정의 배설물들을
부유물로 안은 채

발가락이 닮았다

각방의 문지방을 지나
오랜만에 발가락이
무리를 지어 모였다
짧고 뭉툭한 애들
길고 가느다란 애들
합작은 성공하였으나
진화의 흔적이 없는 발가락들
곰팡이의 생활상과
발톱의 미적 감각이
함께 드러나는 순간이다
정기 검진을 받을 때마다
맨 먼저 발부터 내어주고
해수욕이 어려운 겨울에도
족욕은 시킬 일
발걸이가 귀여운 만남
손수건보다 발수건이
먼저 깔끔을 떠는 전람회에
청백으로 갈려 발가락이 닮았다

산마을

어머니 손맛을 너희들이 알까만
옹기 항아리가 즐비한
장독대에 참새들이 꼬인다

오늘은 누가 오려나
감나무 가지가
마지막 홍시를 터뜨릴 때면
까치도 바둑이와 정겹게 짖는다

앉을 자리 비워 둔 대추나무는
바람 소리에 흔들릴 때마다
무소식을 묻고

겨울밤이 눈발에 하얗게 새도록
못다 한 옛날이야기들 남아서
얼어붙은 산마을에 기착하면
내일은 또 누굴 떠나보내려나

네 마음 별과 같이

잊히지 않는
그해 별자리를 찾아서
마르지 않는
영원한 샘물을 찾아서
유랑의 보금자리를 개척하는
노년이 간다

돌아가신 아버지
유언 받들어
마련한 고향 선산을 사서는
예비 산림 지도자를
한동안 꿈꾸더니

여행은 스쳐 가는 것이라
내키지 않고
한곳에 눌러앉기에는
너무 아까운 인생

충청도 당진 어디쯤
사람들의 애환과
반기는 자연환경과 더불어

다르게 사는 법을 익히고는

또 한 해, 바다 건너
한라산 기슭에서
돌과 바람과 여인을 벗하며
살아 본들 어떠리
궁금한 내년엔 또
네 마음은 어디로 향할까

그녀

흥이 찾아오면
말수가 홍수를 이루고
언니가 사는 부산까지도
한순간 물줄기를 내는 그녀

화가 모여들면
말발로 폭풍을 일으켜
장장 2시간을 입심으로
기록을 세우는 그녀

5년을 거뜬히 넘긴
자전거로 바람을 가르며
운동과 장보기를 한 번에…
워킹 시니어가 자랑스러운 그녀

화수 드라마가 막을 내리면
막걸리와 요구르트의 도킹
어울릴 것 같지 않은
만남의 광장

캬 좋게 변색한 한 모금의 삶
이제는 내일을 준비할 시간이라며
서로 가지런히 손잡으며
꿀잠을 청하는 그녀

어떤 시인

어쩌다 우리 집에 온
한 권의 시집
서기 2013년 물가로
8천 원이 인쇄된

내가 아는 건
그는 멀티하우스 임대업자
시를 사랑했던 사람

마케팅에 열심이던
직장 동료가 조건으로 받은
시집 수십 권 중
한 권이 나를 찾아왔었지

삶의 페이지
어느 중간쯤을 펴서
시를 읽다가 아 그런가 보다 하고
밀어 뒀던 시집 한 권

세월은 다시 흘러
시와 생활비가 알맞게 조화된

여유의 시간
다시 시집의 내면을 연다
거기 말을 걸어오는 시가 있다
시인의 민낯이 있다

퇴직 음악 교사
마음이 너무 잘 드러나는
수사를 절제한 시
팔공산 기슭에서 한가롭게 쉬다
서울 변두리에 와서
하루 한 번 새 아침을 맞이하는

제3의 고향

우리들의 고향은
밤하늘 빛나는 안드로메다
그 어디쯤인지도 몰라

뭍으로 오기 전
쪽빛 바다 난파선이 되어 표류한
낯선 섬인지도 몰라

첫 고향에서 유년을 보내고
인생은 오르막길이라던가
너도나도 상경을 한다

비대할 대로 비대해진 도시엔
몇십 년을 지탱해 온 삶의 무게
더 이상 디딜 땅이 없다
마음을 누일 방도 없다

갈수록 키 재기만 하는 빌딩 숲에
반딧불이 숨어들 여유가 없다
이제는 우리 다시 떠나야 할 시간

누구는 새로운 항구를 접수하고
누구는 신노년의 일정표를 수정하며
제3의 고향을 찾아 나선다
묵묵히 제3의 길을 간다

4부

시와 예술

정신적 가치에 대해 질문하다

무소유를 소유하다

사람도 책도
세월의 무게를 견디지 못하면
감가상각비가 늘어나는지
시나브로 그 가치가
하락하고 마는가

은퇴한 친구는
젊어서부터 사 모은
정들었던 책들을
찾는 이가 있는 것도 고맙다며
온라인 장터를 통해
헐값에 내놓는다

허나 우리 인생이 그러하듯
헌책에도 예외는 있다
제목은 무소유
1976년 초판 초쇄본
정가 280원

올겨울 찬 바람 속
누가, 그 난공불락難攻不落

무소유를 100만 원의 가격으로
사들였다는 소문에
나도 그 마음을
소유할 수 있다면

길상사에서

내 마음을
방명록에 옮겨 쓴
"법정 스님을 보고 갑니다"

성북동, 어느 가파른
언덕에서 맞닥뜨린
겉보기에 남루해 보여도
속을 들여다보면
마음까지 깨끗해지는
옷

우리 앞에 남겨진
신분증을 대신했었을
계첩戒牒, 그리고
몇 점의 유산

이 겨울 따듯한 온돌방
옷은 벗어 두고
그는 어디로 갔을까

공공재 公共財

하루를 오고 가며
너와 내가
산책하는 오솔길
저 멀리 우주 공간을
달려온 무수한 햇살들
무더운 한낮을
함께 호흡하는 나뭇잎들

밤바다 위에서
반쯤 눈을 감는 노란 달
어른들을 위한
자장가를 준비하는
여름날의 바닷가

마음이 따듯한
영혼들과 어울려
오늘도 가상 공간을 떠돌며
여기저기 헤엄치듯
반짝이는 시구 詩句들

아프로디테[4]

그대는 이 봄
아지랑이로 찾아온다
붉은 분홍빛으로 분칠한
산등성이에 누워
푸른 소나무의 피부를
간지럽히며 유혹한다

옛사랑을 빗다가
포기하고 끝내 절망하여
절필絶筆한 어느 시인의
정신세계를 깨어나게 한다

모든 남자들의 우상
모든 예술가들의 우상
하얀 겨울 나신裸身으로 잠들던 그대
프러포즈를 위해 이 세상이 선물한
붉은 분홍색 원피스를 두르고

아름다움을 복제하기 위하여

---

4 아프로디테Aphrodite: 그리스 신화에 나오는 미와 사랑의 여신.

희미한 달빛을 쫓던
사내의 품에 안긴다
그렇게 젊은 날의 그대,
아프로디테가 되어 온다

호외

전통 예술에 대한
반항이란다
유명 미술관 전시실 벽에
바나나를 실물로 드러내 놓고는
근사한 작품이란다
그런데 관람 온, 미학과
한 학생이 사고를 친다
일억 원짜리 노란 바나나를
벽에서 떼어 알짜만 빼 먹고는
껍질만 다시 붙여 놓고는
배가 고파서 그랬단다
작가는 목적이 행위 예술이라며
작품을 망친 것은 아니라며
그의 행동을 문제 삼지 않았고
이 같은 면죄부에, 일부 소식통은
행위 예술에 행위 예술로
맞장구를 쳤다며
마침내 온전한 작품을 완성했다며
어느 비 오는 날, 호외로
소식을 전했다

판전板殿

칠십 평생
벼루 열 개 밑창을 보고
붓 일천 자루를
몽당붓으로 만들었다는
추사秋史

이 세상을 떠나기 전
병중 마음에 피어나
'板殿'이라는 글씨로
봉은사에 자리 잡은
그 현판

어리숙한 듯
감히 범접하기 어려운
한 대가의 필치는
젊은 날 예술의 시비是非를
풍경 소리에 날려 보내고

누구도 흉내 낼 수 없는
절대 순진무구함의 경지에
들었구나

바다와 예술

푸른 바다를 무대로
따가운 햇살 한가운데
한 어부가
멀리 대서양에서 표류한
인어 공주의 입술을
막 훔칠 기세다
동풍을 등진
어부의 거친 손은,
어망漁網을 벗어나려 하나
어쩌지 못하는
인어 공주를 품에 안는다
어부의 두 다리에 묶인
신화 속 그녀의 꿈이
옴짝달싹 못 하고 있다

예술이 뭐길래

포탄이 넘나드는
전쟁 중에도 그렸고
심지어는 원초적인
화장실에서도 그렸고

주머니 속에서
부스럭거리며 꺼낸 담뱃갑
안 은박지를 벗겨 내
거기다 송곳으로도 그렸고

청력을 잃고도 명곡을 썼고
발가락으로도 서예를 하였고
옥獄에 몸이 갇혀서도
마음의 문을 열어
우유갑이면 어떠리, 은박지면 어떠리
그렇게 간절한 시를 썼고

여유가 없다는 말은
사이비 예술가들의 핑계일 뿐
일찍이 진정한 예술은
때와 장소를 가리지 않았다네

생각의 나무

마음의 땅을 딛고
뿌리를 내린다
물줄기를 내고
시심을 퍼 올린다

생각의 나무에서는
잎이 돋는다
제각각의 빛깔로
꽃을 피운다
시심이 생각을 다듬고
시상으로 모습을 갖춘다

계절이 바뀔 때마다
새 옷을 걸친 모델
잎들은 또 다른 나를 위한
그늘을 만들고
시인의 품을 떠난 꽃이
향기를 낸다

생각의 나뭇가지에
내려앉은 봄바람은
아직 진한 향기에 취해 있다

그곳에 가면

남한강 가,
그곳에 가면
오랜 세월을 딛고 일어서는
역사의 흔적이 있다

바람 속에서만
절터가 있고
희미한 안개 끝에서만
기도가 있다

낮에는
연인들의 사진첩 속
푸른 이끼로 남았다가

밤에는
별빛과 소통하는
기념물로 남겨진

그렇게 홀로 선
중앙탑에서…

판교에서

개발 전 스쳐
지나치던 그린벨트
초록빛 밸리가

이제는 어느덧
테크놀로지로
무장한

회색빛 빌딩 숲
산새들 대신
사람들 먹이 찾아서
모여들고

기술과 예술의
컨버전스, 운치 있는
시간의 다리,
그 곡선을 밟고 선

판교는 지금
공사 진행 중

어떤 잠언箴言

태평양을 건너
대륙을 스치던
노자老子의 바람 소리가
이제 막
잦아들고 있다

배고픔을 달래려는 이빨과
날름대는 혀로 무장한
거센 바람에
반쯤 뿌리를 뽑혀
거목은 누웠다

비 그친 후
내 마음의 정원엔
진입 금지 너머
살아남은 초목들의
아침 햇살에 빛나는
잠언

우리는 흔들리기에
생존한다
어떻게든 살아남으라

마음밭에 와서는

여름 빗줄기에
버려두고 온
마음의 이랑

이제야 손쓰기엔
때를 놓쳐 버린
지난 회한의 조각들이
구름으로 흩어지는

비 그친
어느 하늘가
마음밭에 와서는

아무렇게나
무성해 버린
풀 동산을 만났네

이런 탑도 있다

하루는 욕망을 쌓아 올리다가
하루는 그 공든 탑을 무너뜨린다
누군가를 위해서 아니면
남에게 보여 주기 위해서
보낸 세월이 몇 날이던가
오랜만에 만난 친구가
그동안 잘 살았는가 물으면
쓸쓸하게 웃음기를 흘리며
가진 건 돈밖에 없다는 말
의미를 곱씹어 보면
돈이 많다는 건지 돈만 남았다는 건지
헷갈리던 지난 삶
이제부터 남은 삶은 덤이야
그렇게 추스르며 살아야지 하면서도
돌아보면 내 키를 훌쩍 넘겨
올라가는 탑
그제 한낮은 쌓는 일에만 골몰하더니
오늘 저녁은 홀로
넘 높은 탑을 무너뜨린다

계약서를 썼다

나는 어제 신神과
계약서를 썼다
가을장마와 함께
만기는 어김없이 찾아왔고
몇 년을 더 연장하기로 했다
이번 갱신에서도
'우', '리'라고는 명시되어 있었지만
사실상 신은 '갑'이고 나는 '을'이었다
특이 사항엔
자기 인생은 스스로 책임질 것
갑이 제시한 선은 넘지 말 것
건강 관리에 특히 유의할 것 등
신의 개인 사정에 따라
고무줄처럼 늘어나다가도
어느 순간 툭하고 끊어질 수 있는
나의 삶
삶의 무게가 변하지 않으면
신과의 몇 마디 소통만으로도
연장을 허용한다지만
나는 안심이 되지 않아
굳이 신을 대면하여

계약서를 썼다
가을장마가 제삼자로 참석하였다

비문碑文

여기 빈손으로 태어나
빈손으로 떠난 이가 잠든
산등성이

어디서 와서
어디로 가는지 알 수 없는
바람결에
마침내 마음에 새겨 쓴
비문이 선다

저기 저 하늘 흘러가는 구름
비록 되돌려 놓지는 못해도
이 세상이 한낱 꿈은 아니었다고
이곳에 와서 당신은
혼자가 아니었다고

그리고 우리들 기억 속에서
희미할망정 당신은
온전히 살아 있다고

내 안의 폭발

오랜 인고忍苦의
시간을 뚫고
뜨겁게 솟구치는 분노
푸른 대지를
붉은 입술로 핥으며
무법자처럼
해안을 점령한다
시냇물과 새 떼들
내 안의 합창 소리,
바람난 요정은
어디로 증발하였나
검은 하늘 아래
도시를 전복하고
다시 시작하기 위하여
너는 온다

대화록

사람은 태어나
누구든
대화록을 남긴다

작게는 시시콜콜한
대화부터
인생에 없어서는 안 될
소금 빛을 발하는 유머까지
단, 장식용 독설은
대화록 맨 끝에 비워 둔다

사람은 자라면서
살찐 돼지를 가까이하지만
전해 온 대화록을 펼치면서
소크라테스를 알아 간다

같이 살아 줘서 고마워요
날 기억하지 못한다 해도
당신을 사랑해요
표현하다 보면 사랑은 커져 간다

날개

동대문 근처에 가면
날개를 찾는 사람들이
모여드는 새벽이 있다

인공으로 만든 날개에
수요·공급곡선이 교차하는 값을 구하고
더 좋은 날개로 사람들을 유인하는
목소리들이 있다

하늘을 나는 새를 보노라면
그는, 시장에 즐비한 겉모습 말고
날개의 비밀을 알고 싶다

항공기에 단체로 떠나는 날개가 아닌
깃털 같은 무게로
혼자만의 마음으로 지탱하는
그런 날개로 날고 싶다

가을 끝자리
낙엽이 지는 거리에 나서면
그는, 잃어버린 겨드랑이를 긁는
아주 어릴 적 버릇이 있다

■ 독자를 위한 작품 해설

이신구, 긍정적이고 낙관적인 우보천리의 시

이 해 李 海 (시인)

이신구 시인은 전형적인 충청도 선비다. 충주 태생인 그는 말투나 걸음걸이에서부터 생각에 이르기까지 모두 그러하다. 이러한 그의 기질은 시에도 그대로 드러나는데, 그의 시적 화자들은 결코 초조해하거나 서두르지 않으며 어떤 상황에서도 목소리를 높이는 법이 없다. 차분하고 진중하다. 그의 시가 대부분 미음완보微吟緩步인 이유도 거기에 있다. 그러므로 그의 시는 이른바 긍정적이고 낙관적인 우보천리牛步千里의 시라 할 만하다.

자연 친화적 가치관에서 비롯된 긍정적이고 낙관적인 태도

이제 헤어지면 / 언제 또 만나려나 / 우리 사이 인연이면 / 또 만나겠지 // 바쁜 인생일랑 / 잠깐 벗어 접어 두고 / 다 같이 둘러앉아 / 백련차 한잔 / 하고 가시게나
  － 〈우리 사이〉 부분

대부분의 이별은 안타깝고 아쉽기 마련이다. 더욱이 막역하고 간절한 사이의 이별이라면 더욱 그럴 것이다. 그러나 화자는 그러한 이별에서조차 초연하고, "백련차 한잔"의 여유까지 보인다. 그것은 바로 "우리 사이 인연이면 / 또 만"날 것이라는 긍정적이고 낙관적인 태도에 기인한다.

> 산을 오른다 / 정상이 목표가 아니어도 좋다 / 몸을 쉬어 갈 산기슭이면 어떻고 / 찬 바람 가시고 봄기운이 모락모락 피어오르는 / 어느 산 중턱이어도 좋다 // (중략) 그렇게 세상으로 통하는 길은 / 하나로 나 있지는 않다는 것을
> ─〈등산에 대하여〉 부분

화자에게 산을 오르는 것은 정상을 정복하기 위함이 아니다. 그에게는 "정상"이든 "산기슭"이든 "산 중턱"이든 문제가 되지 않는다. 정상 정복을 위해 분초를 다투지도 않는다. 쉬엄쉬엄 오직 산을 오르는 그 과정이 중요하며, 그 과정 또한 하나가 아니다. 에베레스트Mount Everest로 가는 길이 어찌 하나뿐이랴. 여유를 가지고 과정을 중시하며, 다양성을 존중하는 그의 태도 역시 긍정적이고 낙관적인 정서에서 비롯된다고 할 것이다. 긍정적이고 낙관적인 그의 기질과 태도는 아마도 자연 친화적인 가치관에서 비롯되는 게 아닌가 싶다.

푸른 하늘 아래 / 애써 가꾸지 않아도 / 너는 핀다 // 도심을 떠나 / 빈손으로 찾을 때 / 비로소 너는 웃는다 // 훌훌 털고 찾아 나서는 / 우리네 마음 골짜기에 / 터 잡고 웃는다 // 네 웃음엔 표정은 있어도 / 소리가 없다 / 네 웃음엔 꾸밈이 없다
- 〈야생화 크로키〉전문

자연은 "애써 가꾸지 않아도" 스스로 생장한다. 야생화는 그러한 자연의 대표적 존재다. 인간에게 그 어떤 도움을 받지 않아도 인간에게 손을 내밀고 마음을 연다. 그런 자연을 만나기 위해서 우리는 "도심을 떠나"야 하고 "빈손"이 되어야 한다. 대립과 경쟁에서 야기되는 긴장과 조바심에서 물러나, 이기적인 욕심을 비울 때 비로소 만날 수 있는 것이 자연이기 때문이다. 야생화의 꾸밈없는 모습, 그 순박한 모습이야말로 시인이 꿈꾸는 세계이며 이는 오늘날 우리 자신을 돌아보게 한다.

단기 모년 모월 모일 / 하늘텃밭 운영을 종료합니다 // 그동안 이용했던 / 장비 및 시설물들 / 서운한 마음까지 / 모두 철거 부탁드립니다 // 관리자백 // 뙤약볕에 우뚝 선 알림판 뒤통수를 / 올여름은 / 호박 넝쿨이 휘감고 보란 듯이 자란다
- 〈알림판〉전문

이 시에서의 '텃밭'은 도시 근교에서, 도시민을 위해 운영하는 텃

밭이다. 어떤 이유인지는 모르나 텃밭 운영이 종료되고 장비나 시설물은 물론 서운한 마음까지 철거하라는 알림판이 붙는다. 도시 근교의 텃밭은 주로 힐링 차원에서 운영되고, 참여하는 경우가 많은데, 그곳에서의 농사는 노동이 아니라 힐링이며, 의무가 아니라 누림의 권리이다. 그러므로 텃밭은 삭막한 도시 생활에 찌든 도시민에게 이상적인 공간이 된다. 텃밭의 이름이 '하늘텃밭'인 것도 눈여겨볼 만하다. 그런 점에서 '하늘텃밭'의 운영 종료는 이상적인 공간, 즉 파라다이스Paradise의 상실, 이른바 실낙원失樂園이다. 묘비처럼 서 있는 알림판 뒤를 호박 넝쿨이 보란 듯이 휘감고 자라는 마지막 장면은 이 시의 이미지가 집중된 곳이다. 이 부분은 죽음의 이미지를 갖는 알림판과 생명의 이미지를 갖는 호박 넝쿨의 대비로 이상적 공간의 폐쇄에 대한 아쉬움, 안타까움과 함께 희망을 암시하는 상징적 의미로 읽힌다. '종료' 또는 '폐쇄'라는 부정적 상황 속에서도 희망을 잃지 않는 시인의 긍정적이고 낙관적인 모습을 여기서도 엿볼 수 있다.

> 노란 달덩이가 / 사뿐히 내려와 / 손을 내민다 // 그 곁의 샛별도 / 함초롬히 피어나 / 눈을 맞춘다 // 무대 뒤로 / 숨어 버린 태양의 / 옷깃을 잡아끈다 // 저 하늘에 뜬 달과 / 그 곁을 지키는 샛별과 / 무대 뒤의 붉은 태양과 // 내가 발을 딛고 선 / 푸른 지구랑 어울려 / 한바탕 춤을 춘다 // 여름과 가을 사이 / 밤하늘 한가운데 / 반딧불이를 찾아 나선 / 나는 한 마리 / 떠도는 미물
> 　　　　　　　　　　　　　　－〈반딧불이를 찾아〉전문

반딧불이의 빛이 달덩이가 되어 화자의 손에 앉는다. 화자는 반딧불이를 통해 샛별과 태양과 달과 지구를 떠올리고 자연스레 그들과 어울리면서 그 자신도 그 속에 한 존재임을 깨닫게 된다. 자연과 함께함으로써 자신이 자연의 일부임을 자각하게 되는 이 시는, 반딧불이를 통해 일원론적 인식과 자연 친화적인 시인의 가치관을 잘 보여 주고 있다.

> 내 그대들의 / 일일 가이드가 되어 / 번뇌와 동행하는 / 네 안의 미세 먼지를 거두리라 // 오늘은 / 보타락가산普陀洛伽山이 / 이곳에 내려앉아 / 눈썹바위 아래로 / 너른 바다를 안는다 // 몸과 마음이 / 하나로 합장하며 / 관세음보살이 된다
> ― 〈낙가산〉 부분

견물생심見物生心이라 했던가. 기실 물物을 보면 욕慾이 생기기 마련이고, 번뇌를 낳기 마련이다. 〈낙가산〉의 '미세 먼지'는 아주 작아 눈에 잘 보이지는 않으나, 우리의 마음과 생각을 좌우하는, 극복하기 힘든 욕망으로 읽힌다. 이를 씻는 것은 "바다"(자연)에 귀의하는 것이다. '자연' 또는 '자연과 같은 마음'이 될 때, 비로소 마음의 평정을 얻게 되고, 그러한 경지는 관세음보살이 되는 경지와 같다. 곧 해탈이다. 그러므로 자연의 대유인 '낙가산'은 시인에게 구원이며, 시인은 이를 통해 인간이 지향해야 할 도덕적 표상表象으로서의 자연, 즉 '낙가산'의 의미와 가치를 우리에게 일깨워 준다.

이러한 시인의 가치관은 소박하고 정겨운 삶으로 구체화 된다.

봄이면 이름 모를 / 어느 산기슭이나 / 우리네 삶의 주변을 둘러친 / 울타리를 따라 / 알아 달라 보채지 않고 / 하얗게 웃어 보이는 / 은근한 미소가 좋았다 // 비록 화려한 삶을 / 살지는 못해도 / 녹록지 않은 / 이 세상을 맞아들이는 / 호들갑 떨지 않는 / 수수한 자태도 좋았다 // 지난 날을 뒤돌아보면 / 이 세상을 살며 / 싸리꽃 같은 환한 / 미소를 전하던 / 그런 사람들이 좋았다 // 해마다 잔잔한 봄날이면 / 있는 듯 없는 듯 / 싸리꽃 향기로 와서 / 눈인사를 나누던 / 인연이 좋았다

- 〈싸리꽃〉 전문

"이름 모를 / 어느 산기슭이나 / 우리네 삶의 주변"에서 "알아 달라 보채지 않"는 "은근한 미소"와, "녹록지 않은 / 이 세상"에서도 "호들갑 떨지 않는 / 수수한 자태"로 다가오는 싸리꽃. 그 꽃을 닮은 사람들과의 인연을 좋아하는 화자에게 '싸리꽃'은 바로 시인의 분신이라고 해도 과언이 아니다.

여기야말로 남과 북, / 북과 남이 맞닿은 / 약속의 땅 / 그 옛날 그때의 소도蘇塗를 / 닮은 성지 / 푸른 하늘을 맘껏 / 떠도는 새들의 고향이다 / 맑은 하늘을 지향하며 / 대지에 뿌리를 내리는 / 초목들의 자유와 평화가 / 숨 쉬는 공간이다 / 문명의 이기利器를 소유한 / 사람들에게만 허락되지 않은 / 먼 원시를 오롯이 간직한 / 녹색 왕국, 울림을

안겨 주는 / 초록빛 허파다 / 드넓은 바다를 향한 / 내일의 진로를 천착하는 / 강줄기, 우리 안의 어머니가 / 아직 끊지 못한 탯줄이다

- 〈DMZ〉 전문

전쟁의 상흔이 남은 DMZ를 "북과 남이 맞닿은 / 약속의 땅 / 그 옛날 그때의 소도蘇塗를 / 닮은 성지"로 인식하면, 그곳은 남북이 대립하는 긴장의 공간이 아니라, '새들의 고향'이자 초목의 공간으로 변하고, 자유와 평화가 숨 쉬는 '녹색 왕국'이자, 생명의 근원인 '초록빛 허파', '어머니의 탯줄'이 된다. 전쟁으로 인해 생긴 살상과 비극의 장소가 오히려 생명의 근원으로 바뀌는 역설이 일어나는 것이다. 시인은 이러한 인식의 전환을 통해 자연과 환경에 대한 관심과 분단된 민족의 소망을 드러내고 있다.

자기중심적 인간 세태에 대한 풍자

홀로 가을 단풍에 흠씬 취하여 / 한결같이 쏟아지는 폭포 소리에 묻히면 / 살아온 인생사 모두 씻을 듯하네 // 단지, 수옥을 만나 / 눈동자에 거슬리는 것은 / 저 바위에 새긴 유명 인사의 이름 // 어느 누가 권세를 가지고도 / 무엇이 모자라 / 이 선경仙境에 와 흠집을 내었나 // 자연이라는 아름다운 마음에 / 이렇게 못난 짓을 해 놓고도 / 부끄럽지 않은지…

- 〈수옥폭포에서〉 부분

'가을 단풍'과 '폭포 소리'는 자연의 대유다. 그런 자연에 취하면 인생사의 번잡함이나 오욕을 씻을 만하다. 그러나 그런 상황에서도 불편한 것은 자연에 흠집을 내는 인간들이 있다는 것이다. 이는 꼭 자연에 한정된 것은 아닐 것이다. 우리 인간 사회에서도 자신의 명예나 욕망을 위해 남을 억누르거나 상처를 내는 일이 비일비재하니 말이다. 그런 못된 짓을 해 놓고도 부끄러움을 모르는 인간의 행동을 시인은 '수옥폭포'를 통해 점잖게 비판하고 있다. 일원론적 입장을 취하는 시인에게는 이원론에 기반을 둔 인간 중심의 사고와 태도가 못마땅할 수밖에 없다. 그래서 그는 쑥을 통해서도 인간 중심의 사고방식을 풍자하기에 이른다.

여기는 쑥의 나라 / 이른바 쑥들의 전성기 / 밭갈이하지 않고 묵혀 둔 밭을 / 쑥의 무리가 은근슬쩍 / 주인인 양 점령하고 있다 / 사람들이 한눈판 사이 / 마음껏 본성을 드러내고 있다 // 그런데 언제부턴가 사람들은 / 뜻을 제대로 새겨야 하는데 / 본래 의미를 변질시켜 / 아무 생각도 없이 / 덤터기를 씌운단 말이야 / 까놓고 얘기해서 / 우리 모두 같이 사는 세상인데 / 오로지 본인만 챙기는 사람들이 / 할 말은 아니지 / 내 삶의 터를 감히 / 쑥대밭이라니
― 〈쑥대밭이라니〉 전문

'쑥대밭'은 쑥의 생존 공간이다. 그런데 인간은 언제부턴가 이곳을 점령하고, "쑥대밭이라" 욕하며, 원주인인 쑥을 몰아내려 한다. 쑥의 입장이라면 그런 인간들의 행위가 얼마나 어처구니없고, 또

억울하겠는가. 그럼에도 불구하고 쑥은 자신들의 보금자리를 "우리 모두 같이 사는 세상"으로 내어놓지만, 인간은 이를 무시한 채, 쑥에 '덤터기'를 씌우며 오히려 원주인인 쑥을 몰아낸다. 이 시를 통해 시인은 우리에게도 이처럼 몰염치한 행동은 없는지, 스스로 돌아볼 것을 권한다.

> 열대 저기압에서 태동한 / 태풍 카눈의 향방은 안갯속 / 마이 웨이를 고집하며 / 후끈한 한반도를 한바탕 훑다가 / 또 다른 태풍 란에 바통을 넘긴다 // 태평양 한가운데 / 한 점 섬 하와이에서는 / 붉은 화마가 뿌연 연기를 토하며 / 얼굴을 할퀸다 // 대륙을 가로질러 멀리 북유럽 해안 / 살기 좋았던 노르웨이에도 / 때아닌 물난리가 습격한다 // 급격히 나빠진 / 우리 지구촌의 건강 상태 / 하늘과 땅이 몸을 뒤척일 때면 / 거기 뿌리내린 사람과 초목까지 / 심한 몸살을 앓는다
>
> — 〈어쩌다 몸살〉 전문

자연은 모든 것을 품어 주기도 하지만, 자신을 파괴하는 인간에게 언제까지 마냥 너그러운 존재는 아니다. 악행을 일삼으며 뉘우칠 줄 모르는 인간에게는 참혹한 재앙을 내리기도 하기 때문이다. 자연재해는 그런 점에서 인간에게 주어진 인과응보의 결과다. 시인은 지극히 객관적인 시선으로 자연재해를 보여 주고 있지만, 그 행간에는 자연을 파괴하는 인간에 대한 경고의 메시지가 숨겨져 있다.

〈실개천〉이라는 시를 보자.

내게 당분간 / 추어탕은 없다 // 강산이 변하더니 / 세상마저 변한다 / 가장자리마다 / 버드나무가 늘어진 / 우리 동네 실개천 / 물도 변할 것 같다 // 오늘은 / 구청, 시설공단, 주민 센터 / 직원들이 깨끗한 마음을 모아 / 공원 실개천에 / 내 어릴 적 추억의 / 그 미꾸라지들을 / 방생放生한다

-〈실개천〉 전문

"내게 당분간 / 추어탕은 없다"라는 첫 구절은 독자에게 의아심과 당혹감을 느끼게 하는데, 이는 독자의 관심을 이끄는 시인의 의도적인 장치이다. 시인은 그 의혹의 실마리를 뒤에서 풀어낸다. 화자는 강산과 세월이 변하여, 자생하던 미꾸라지를 인공적으로 사육하여 방생해야 하는 현실에 적잖이 충격을 받았을 것이다. 그리하여 화자는 좋아하는 추어탕을 먹지 않겠다고 다짐하는데, 이는 환경의 파괴를 초래한 인간의 한 사람으로서 갖는 반성과 다짐이다.

그릇된 사회 현실에 대한 풍자

이신구 시인이 자연을 지향하고 자연스러운 삶을 소망한다고 해서, 사회 현실이나 세태를 외면하는 것은 아니다. 자신이 사는 현실 세계도 그의 시 세계를 차지하는 일부이기 때문이다.

"밥은 드셨나요?"가 / 안부 인사가 되고 / 밥 많이 묵으라는 / 덕담이 오가던 시절 // 한 지붕 가족으로 만나 / 마주한 밥상머리엔 / 부족한 것 많아도 / 도타운 정만큼이나 / 유독 밥그릇이 컸지 // 아침밥 거르는 일이 / 예사가 된 오늘 / 단출해진 밥상머리에서 / 밥그릇을 마주한다 // 창밖은 아직 / 밥그릇 싸움으로 / 소란스러운데 // 예나 지금이나 / 사람들 곁 지키며 / 말없이 제 몫을 다하는 / 고만고만한 그릇들

- 〈밥그릇〉전문

먹거리가 귀했던 시절에는 밥이 곧 인사가 되고 덕담이 될 정도로 '밥'과 '밥그릇'에는 중요한 의미와 가치가 있었다. 예전 '밥상머리'엔 가족들의 끼니와 도타운 정이 있었으나, 먹거리가 흔한 요즘, 한두 끼 밥은 거르고 밥상은 단출해졌다. 우리 주위에 만연한 '밥그릇 싸움'에서 보듯, 이제 밥은 더 이상 '도타운 정'을 담지 못하고, 이권 개입을 통해 사리사욕을 채우는 수단의 비유로 변질되었다. 그래도 '밥그릇'은 "사람들 곁 지키며 / 말없이 제 몫을 다"한다. 이 시는 과거와 현재, 인간과 그릇의 대비를 통해 가족과 사회의 변화를 보여 주고 있다. '창밖에서 소란스러운 밥그릇 싸움'과 대조되는 '고만고만한 그릇'들은 오늘날 자기중심적으로 살아가는 비정한 현대인의 삶과 달리 서로를 아끼고 배려하며 도타운 정을 나누는 전통적인 삶의 비유이다. 원래 '밥과 '밥그릇'은 가족의 풍요와 두터운 정을 상징하는데, 그것이 시대 흐름과 함께 변하면서 가족 구성원들의 관계도, 우리 사회의 모습도, 그 가치관도 모두 부정적으로

변해 버린 것이다. 시인은 안타까운 심정으로 이를 우리에게 보여 줌으로써 바람직한 삶에 대한 성찰을 요구하고 있다.

> 지구 한편 / 북태평양 / 어드메 떠돌다가 / 인간 시장이란 / 시공간에 팔려 와 // 오늘 개소식에 / 출현한, 북어 한 마리 / 실타래를 물고 / 무언가를 기다리고 있다 // 그네들이 염원하는 / 행운과는 / 아무 상관 없이 / 북어 한 마리, // 허공을 맴돌며 / 망향의 바다를 / 헤엄치고 있다
> － 〈망향望鄕〉 전문

북어는 명태를 뻣뻣한 채로 건조한 건어물이다. 미라Mirra가 되어 어느 사무실 개소식에 걸려 있는 북어. 일반적으로 개업식에서 북어를 실타래와 함께 상에 올리거나 달아 놓는 것은 북어(명태)가 머리도 크고 알이 많아 풍요와 다산을 상징하고, 실타래는 길게 이어지는 영속성으로 장수를 상징하기 때문이다. "지구 한편 / 북태평양 / 어드메 떠돌다가" 북어는 잡히고, 말리고, 묶이고, 팔려, 생명도, 고향도 잃은 채 낯선 곳에서 미라가 되어 있다. 이 북어는 타향에서 맹목적으로 살아가는 생존형 인간, 즉 현대 도시민의 모습이기도 하다. 고향에 대한 간절함으로 귀향을 기다리지만, 그러한 염원은 요원하기에, 결국, 북어는 "허공을 맴돌며 / 망향의 바다를 / 헤엄"칠 뿐이다. 이 시는 고향을 그리워하지만 돌아갈 수 없는 비애를 드러내는 작품이자, 김기택의 〈멸치〉처럼, 삶의 활기를 잃고 무미건조한 생존을 이어 가는 현대인의 삶을 풍자하는 작품이기도 하다.

여보시오, 이웃님들 / 내 말씀 좀 들어 보소 / 세상을 들여
다보고 있자니 / 멀미가 나는구나 / 수평선에 닿아 보려 /
배에 몸을 실은 것도 아니요 / 이 몸이 하늘을 겉돌다가 /
급하게 회항하는 것도 아니요 / 열차와 버스를 번갈아 타
며 / 가깝고도 먼 금강산, 백두산을 찾아 / 헤매는 것도 아
니요 / 웬 멀미일꼬? // 거친 숨을 진정시키며 / 눈을 치켜
뜨고 창밖을 보니 / 함박눈은 온데간데없고 / 미세 먼지
와 혼합된 노이즈만 가득하구나 / 선거 판이 요동을 치는
구나 / 주식 판도 요동을 치는구나 / 며칠 사이에 바뀔 일
이 있으련만 / 이놈이 치고 나가면, 저놈이 사과를 하고 /
저놈이 치고 빠지면, 이놈이 쇼한다 나서고 / 바다 건너
날씨는 소나무처럼 푸르러도 / 이곳, 날씨 아닌 날씨가 /
저놈 탓인지 이놈 탓인지 / 참으로 변덕이 들끓는 듯하구
나 / 여보시오, 이웃님들 / 이렇게 멀미가 심한 날엔 / 차
라리 혼자 눈을 감고, 귀를 막으면 좋으련만 / 이 세상은
어찌할꼬

-〈멀미〉전문

  멀미는 일반적으로 배나 비행기, 버스나 열차 등 교통수단을 오
래 이용할 때 나타난다. 그러나 이 시에서 '멀미'는 온 세상에 가득
한 "미세 먼지와 혼합된 노이즈", 요동치는 "선거 판"과 "주식 판",
"변덕이 들끓는 듯하"는 데에서 기인한다. 난장판인 오늘날 우리
사회, "차라리 혼자 눈을 감고, 귀를 막으면 좋으련만" 그렇게 해서
해결될 수 없기에 멀미는 더욱 심해진다. 요동치는 세상과 변덕스
러운 인심으로 인해 생긴 '멀미'는 불안정한 현실을 살아가는 화자

의 심리 상태인바, 시인은 이를 통해 우리 사회의 부정적인 행태를 비판하며 판소리 어조를 살려 이를 효과적으로 드러내고 있다.

> 기자님들, 제발 / 상황에 맞게 써 주세요 / 생각 없이 식물 국회니 그런 말 / 입에 올리지 마시지요 / 일 열심히 할 때는 / 식물 국회가 맞지만 / 놀면서 말장난하는 국회를 / 식물 국회라니요? // 더 이상 식물의 눈높이를 / 낮추지 마시지요 / 틀에 갇힌 시대의 식물로 / 몰아세우지 마시지요 / 참는 것도 임계치가 있겠지요 / 기자님들은 귀담아들으세요 / 몰랐다면 몰라도 / 이 청원 보았으니 이젠 / 비하 발언 멈춰 주시지요 // 누가 보든 안 보든 / 묵묵히 일을 하는 식물들! / 햇빛의 고마움을 몸으로 느끼지요 / 흙의 풍성함을 마음으로 감싸지요
>
> ― 〈식물 국회〉 전문

'식물 국회'란, 낮은 법안 처리율로 일을 하지 않는 것처럼 보이는 국회를 비꼬는 용어이다. 21대 국회도 법안 처리율이 35.3%에 그치며 식물 국회라는 오명 속에 막을 내렸다. 22대 국회에는 '민생 국회'를 기대해 보지만 요즘 정당이나 국회의원의 행태를 보면 그리 희망이 있어 보이지 않는다.

어쨌든 화자는 '식물 국회'라는 용어를 잘못 사용하는 기자들에게 이의를 제기한다. 식물은 "누가 보든 안 보든 / 묵묵히 일을 하"며, "햇빛의 고마움을 몸으로 느끼"고, "흙의 풍성함을 마음으로 감"싼다. 그러므로 "일 열심히 할 때는 / 식물 국회가 맞지만 / 놀

면서 말장난하는 국회를 / 식물 국회라"고 하는 것은 언어도단言語道斷이라는 것이다.

요즘 국회의원 중에서 자기를 뽑아 준 유권자에게 감사해하며, 국가와 국민을 위해 의정 활동에 최선을 다하는 이가 얼마나 있을까? 과연 국회는 국민을 위한 국회의 역할을 제대로 하는 것일까? 그런 점에서 '식물 국회'라는 용어는 사실을 왜곡하며 식물을 비하하는 말이 된다. 이 시는 적절한 용어를 사용하지 않는 기자와, "놀면서 말장난하"거나 '방탄만 일삼는 국회', 의무는 팽개치고 으스대며 권리만 누리는 국회의원을 싸잡아 비판하고 있다. 의정 갈등으로 환자들이 어려움을 겪고 있으며, 정치·경제·사회 등 모든 분야에 걸쳐 녹록지 않은, 혼란스러운 시국임에도 여든 야든 자기편 방탄을 일삼으며 자기 밥그릇 챙기기에만 혈안이 되어 있으니, 더욱 그러하다. 이 시는 단순한 비판을 넘어서, 사회 지도층의 각성과 책임을 강조하는 메시지를 담고 있다.

이제 우리나라도 / 1인 가구가 대세란다 // (중략) 설사 1인 가구가 아니어서 / 가족이 함께 모여 산다 한들 / 근무일과 출퇴근 시간이 / 각기 다른 경우가 다반사 // (중략) 오늘도 살갑게 대화할 이 없이 / 본인이 알아서 그렇게 / 1인분으로 살아가는 삶

― 〈1인분〉부분

한때 애국과 자유라는 / 화려한 미명美名하에 / 총알받이가 된 병사들은 / 소모품으로 전락해 버렸고 // 언제부턴가 / 못난 학부모의 갑질에 / 시달려 온 학교 노동자들은

/ 부속품으로 변해 버렸다 // 그런데 만약 이 세상에 / 꼭 필요한 소모품이 없었다면 / 그리고 혹시라도 / 절대 빠져서는 안 될 / 소중한 부속품이 없었다면 // 이 세상을 꿋꿋이 지켜 낸 / 그들이 없었다면
-〈소모품과 부속품〉부분

초등학교 근처 / 어린이 보호 구역 / 횡단보도 신호등은 / 아직 빨간불이다 // 신사복 차림의 어른이 / 출근길 급한 마음에 / 경계석을 넘어 / 한 발을 덥석 내디딘다 // 그때 "어허" 하며 / 누군가 소리친다 / 뭘 그리 급하실까 / 따끔하게 혼을 낸다 // 모습은 초등학교 저학년인데 / 목소리는 엄숙한 / 호랑이 선생님 // 어린이 보호 구역에선 / 나이순이 아니라 / 바른 생활을 하는 / 어린이가 왕이란다 // 오늘 아침 / 당돌한 꼬마 앞에서 / 신사는 그만 체면을 구기고 만다
-〈어허〉전문

걔는 허구한 날 / 출근하고 퇴근할 때 / 거울만 사랑하는 / 거울 공주야 // 앞에서는 활짝 웃고 / 돌아서선 비웃는 / 두 얼굴의 여수 / 거울 공주야 // 제발 제 속마음을 / 들여다보았으면 좋으련만 / 마냥 겉멋에 빠져 사는 / 거울 공주야
-〈거울 공주〉부분

 작금의 우리 현실은 여러모로 복잡하고 어렵다. 남북의 대립과 긴장, 교실 붕괴와 사교육 문제, 의료 개혁을 둘러싼 의정醫政 갈

등, 극단적인 젠더 및 세대 갈등, 이념 대립과 공정성 시비, 나날이 증가하는 자살률과 저출산과 저성장 등등. 시인은 이런 사회적 문제에도 시선을 돌린다. 1인 가구가 급격히 확산되고 가족이 붕괴되는 세태를 꼬집기도 하고(〈1인분〉), 이 세상을 꿋꿋이 지켜 낸 순국 장병들과 노동자들의 삶이 소모품과 부속품으로 전락해 버린 세태를 비판(〈소모품과 부속품〉)하기도 한다. 초등학생을 통해 신호를 무시하고 길을 건너는 신사복 차림의 어른을 꾸짖기(〈어허〉)도 하며, 앞과 뒤가 다른 이중적인 세태와 겉만 중시하고 속을 들여다보지 않는 세태를 풍자(〈거울 공주〉)하기도 한다.

시인은 이기적이고 무도한 인간을, 길고양이를 통해 비판하기도 한다.

그날따라 웬 맛난 냄새 / 들어서다 툭 치니 / 철컥! // 물러설 수 없는 / 낯선 눈길과 / 서로 마주치더니 // 오늘은 멀리 / 바람에 하얀 억새들만 / 나부끼는 곳, // 하늘정원에 귀양 온 / 고양이 부부

— 〈길고양이〉 부분

인간의 필요와 욕심에 의해 분양되고 사랑을 받기도 하지만, 병들고 귀찮아지면 가차 없이 버려지는 유기묘. 버려져 거리를 배회하다 거추장스러운 존재가 된 유기묘는 대부분 학대를 당하거나 포획 틀에 의해 잡혀 삶을 마감한다. 위 시에서 시인은 고양이 부부의 비참한 죽음을 "하늘정원에 귀양 온" 것으로 표현함으로써 길

고양이 죽음에 대한 안타까움과 길고양이에 대한 연민의 정을 드러내고 있다.

> 너와 내 안에는 / 예비한 지령만 남고 / 정작 주인이 되어야 할 / 사람이 없다 // 같은 하늘을 날면서도 / 서로를 품어 줄 마음이 / 내려앉을 곳은 아직 없다
> ─〈무인기無人機〉부분

몇 년 전 북한의 무인기가 우리나라를 침범한 사건을 모티브로 한 시다. 무인기는 역설의 의미로 읽힌다. 사람이 타지 않은 비행기이지만 그것은 사람을 대신한다는 점에서 사람의 분신Avatar이자, 사람의 비유적 표현이기도 하다. 대립과 긴장 속에서 사람들은 근원적인 목적을 상실하고 주어진 현실에 급급하거나, 매몰埋沒되기 쉽다. 그래서 오늘날 주어진 현실에 급급한 우리 속에는 진정한 '주인(자아)'이 없는 것이다. 자아를 상실했기에 자신은 물론 남을 의식하고 배려할 수도 없다. 그러기에 "같은 하늘을 날면서도 / 서로를 품어 줄 마음"이 없는 것이다. 이를 통해 시인은 비정한 현실 세계와 남북의 대치 및 적대적 현실에 대한 안타까움을 드러낸다.

이 세상에 존재하는 만물은 모두 저마다의 쓰임이 있다. 이른바 '무용지용無用之用'. 그런 점에서 보면 쓸모없는 물건이라는 '무용지물無用之物'은 인간의 편협한 눈으로 본 결과일 뿐이다. 제자리에 있지 못해 쓸모가 없는 것처럼 보일 뿐이니, 그것이 원래의 자리에서 원래의 쓰임에 충실할 때 쓸모가 있고, 의미가 있다.

물건이 있으면 / 그 쓰임이 있다 / 양날이면 검이라 하고 / 보통은 칼이 된다 // 일찍이 장수는 / 명분이 섰을 때만 / 전쟁터에서 검을 썼고 / 섣불리 검을 뽑지 않았다 // 한편 우리 가정에서는 / 요리를 위해서만 칼을 썼고 / 그것을 화목으로 알았다 // 이 세상에 뜻을 품고 / 나온, 검과 칼인데 / 짐승도 아닌 사람이 / 생각 없이 아무렇게나 / 휘둘러서야 쓰나

- 〈검과 칼〉 전문

〈검과 칼〉에서 시인은 "물건이 있으면 / 그 쓰임이 있다"라는 무용지용의 명제를 제시한 후, 명분이 섰을 때만 검을 썼던 장수와 요리를 위해서만 칼을 썼던 주부를 언급한다. '명분'과 '요리'는 '검'과 '칼'이 지닌 '원래의 쓰임'이다. 여기서 '검'과 '칼'이 권력임을 간파했다면, 이 시는 무소불위의 권력을 마음대로 휘두르는 권력자의 횡포를 넌지시 비판한 시임을 알 수 있다. 꼭 정치적 권력이 아니라도 우리 주위에는 "이 세상에 뜻을 품고 / 나온, 검과 칼"을 "생각 없이 아무렇게나 / 휘"두르는, 그릇된 사람들이 얼마나 많은가. 시인은 이 시를 통해 우리 사회에 횡행하는 '힘을 지닌 자'들의 소위 '갑질'하는 세태를 점잖게 꾸짖고 있다.

흙으로 그릇을 굽는다 / 못난 놈! / 망치로 깬다 // 또 못난 놈! / 망치로 깬다 // 실수로 박살을 면한 / 못난 놈이 / 누군가를 만나서는 쓸모를 얻는다 // 비록 예술의 전당에서 / 은은하게 빛나지 않아도 / 눈에 띄는 무늬가 없어

도 / 잘만 쓰이고 있다 // 그릇이 있어 / 일용할 양식을 담는다 / 지금 이대로 마음을 담는다

－〈그릇〉전문

모든 그릇은 그 나름의 쓸모를 지닌다. 그러나 그릇을 만드는 장인에게는 조금이라도 흠이 있는 것은 가치가 없고 그래서 용납될 수 없다. 그래서 온전한 그릇이 나올 때까지 깨고 또 깬다. 그러한 행위의 밑바닥에는 완벽을 추구하는 장인匠人의 예술혼이 있다. 그러나 이 시는 장인이나 명품 그릇보다도 '못난 놈'에 눈길을 준다. "실수로 박살을 면한 / 못난 놈이 / 누군가를 만나서는 쓸모를 얻는다". 장인의 눈에 쓸모가 없게 보였을지라도 그 누군가를 만나서는 쓸모를 얻을 수 있다. 예술품으로서가 아니라 실용적인 그릇으로 쓸모를 얻어 "일용할 양식"과 양식을 통해 영위되는 삶의 '마음'을 담는 것이다.

"굽은 나무가 산을 지킨다"라는 속담이 있다. 온전한 예술품으로서의 그릇이 '곧은 나무'라면, 빛나지도 않고 무늬도 없는 그릇은 '굽은 나무'일 것이다. 정호승 시인은 '곧은 나무보다 굽은 나무'에서 아름다움과 사랑스러움을 느낀다고 했다(〈나무에 대하여〉). 그에 의하면 굽은 나무는 고통의 무게를 견딜 줄 알기에 함박눈도, 그늘도, 새들도 굽은 나무에 더 많이 앉는다. 그러기에 그는 곧은 나무보다 굽은 나무에 더 많은 가치와 애정을 준다. 어찌 나무만 그러하랴. 사람도 마찬가지다. 너무 완벽한 사람은 가까이하기가 어렵다. 그런 점에서 이 시는 완벽함을 추구하는 태도에 대한 비판

이면서 관점에 따라 그 가치가 달라진다. 궁극적으로 '모든 존재는 그 존재 자체로 가치가 있다'는 메시지를 담고 있다.

부정적 현실에 대한 극복 의지

- 경자년庚子年 삼월 열이레

(전략) 뉴스 속에서 어제의 이웃이 확진자가 된다. / 오늘의 가족이 유증상자가 되어 격리된다. / 백신의 상용화는 아직 멀고 / 아무나 가까이하기에는 위험한 / 소리 없는 전장戰場 / (중략) 꽃이 피기도 전 사람들의 마음은 움츠러들어 / 무더기로 무너져 내렸다.

- 경자년 오월 초열흘

(전략) 오월을 맞아, 꽃의 모가지가 / 사정없이 잘려 나갔다는데 / (중략) 어제는 서울 이태원 클럽에서 / 다시 코로나가 번졌다는 소식 / (중략) 하얗게 세어 버린 시름 모두 / 바람에 날려 보낸 버들가지에 / 나도 잠시 너처럼 늘어져 / 푸르른 마음을 닮고 싶어라.

- 경자년 오월 그믐

(전략) 아직은 그대 춤추는 욕망이 버겁다. / 닫혀 버린 마음의 창이 두렵다. / 오래도록 지친 마음에 / 나는 너에게, 너는 나에게 / 희망의 백신을 접종하고 싶었지만 / 어렵게 귀가한 오후, / 마음의 평화는 멀다.

- 경자년 시월 스무이틀

(전략) 그해 봄에는 적어도 / 해를 넘기지 않을 거라고들 했다. / 어느 순간 이제부터는 포스트 코로나가 아니라 / 한동안 함께 가는 거라 했다. / 견디고 또 견디는 연기를 배우지 않으면 / 안 된다 했다. / 사람들의 발길이 끊긴 삶의 텃밭은 / 푸른 하늘길로 이어지지 못하고 / 점차 활력을 잃어 가고 있었다.

- 경자년 섣달 스무나흘

이 전란의 끝은 언제? / 오호라, 몸이 멀어지니 / 마음마저 멀어지는구나. / 오늘은 기상과 함께 한 단계 올린 / 공습경보가 발령된다. / 또 다른 나라에서는 적敵이 되어 나타난 / 코로나가 변이를 일으킨다는 소식 / (중략) 그리고 머지않은 어느 날 / 반가운 백신을 싣고 오는 바람이 있어 / 언제 그랬냐는 듯, 이 뿌연 하늘을 밀어내겠지요.

- 신축년辛丑年 삼월 스무여드레

"Closed"/ 단지 내 상가 미용실 입구 / 굳게 입술을 다물고 있다. / 단골손님 하나둘 똑똑 노크해 보지만 / 귀가 막혀 있다. / 캐나다로 유학 간 그녀의 외동딸 / 엄마의 가슴엔 바다 건너 들려온 / 딸의 마지막 목소리가 생생한데 / 며칠 전 코로나로 세상을 떠났다는 / 소문만 사이버 공간을 떠돌았다. (후략)

- 임인년壬寅年 이월 초나흘

너도나도 많이 지쳤다. / 이제는 난중일기를 탈고하고 싶다. / 지난 일기장을 펼치면 하나같이 / 회한과 희망이 교차한다. / 마음의 창을 활짝 열고 새봄을 맞이하고 싶다. / 지금, 이 순간이 절정이라고 믿고 싶다. / 그날의 느낌이 묻어나는 몇 잎의 기록일망정 / 우리들의 상흔이라는 이름으로 전하고 싶다.

— 〈난중일기〉에서

2019년 중국 우한에서 파급된 코로나는 전 세계를 휩쓴 미증유 未曾有의 대재앙이었다. 규모와 상관없이 모든 행사는 취소되고, 해외여행 길은 막혔다. 재택근무가 확대되고, 모든 분야에서 비대면과 디지털화가 확산되었다. 사람들은 항상 마스크를 착용하며 얼굴을 가렸고, 부익부 빈익빈의 양극화는 더욱 심화되었다. 혼란을 틈탄 정치와 사회의 분열과 대립, 코로나 블루로 인한 증오, 묻지마 범죄, 비대면 원격 의료의 활성화, 개인위생 강화, 심각해진 환경 문제에 대한 인식 변화 등 코로나는 인류의 역사 자체를 바꾸었다고 해도 과언이 아니다. 비록 지금은 그 기세가 꺾였다고는 하나 전 세계가 바이러스의 공포에 휩싸이고 문을 걸어 잠갔던 기억은 앞으로 인류의 의식 저변에 깊숙이 남아 영향을 미칠 것이다.

〈난중일기〉는 바로 그 코로나 사태를 대상으로 한다. 추보식으로 구성된 이 시는 코로나가 휩쓴 시기의 삶을 일기 형식으로 보여주고 있다.

'코로나'는 긍정적이고 낙관적인 시인에게 큰 충격을 주었다. 확진되고 격리되는 소리 없는 전장에서 "무더기로 무너"지는 사람들, "꽃의 모가지가 / 사정없이 잘려 나"가는 버겁고 두려운 현실에서 "평화는 멀"기만 하다. 기대와 달리 코로나는 기세를 더하고 점차 "활력을 잃어 가"는 세상. 몸과 마음은 멀어져 가는데 수시로 이어지는 "공습경보"는 사람들을 불안과 긴장으로 몰아넣는다. 입과 귀를 닫게 하는 코로나 현실은 죽음만이 해방이 되는 참혹한 사회였다.

  그러나 이처럼 참혹하고 비극적인 코로나 세상의 어두운 삶을 지켜보면서도 시인은 희망을 잃지 않는다. "버들가지에 / 나도 잠시 너처럼 늘어져 / 푸르른 마음을 닮고 싶어" 하고, "머지않은 어느 날 / 반가운 백신을 싣고 오는 바람이 있어", "뿌연 하늘을 밀어내겠지요"라며 "마음의 창을 활짝 열고 새봄을 맞이하고 싶"은 소망과 함께, "지금, 이 순간이 절정이라고 믿고 싶"어 한다. 그의 〈난중일기〉 속 '코로나'는 불행 중 다행한 일로 읽힌다. 이는 절망적인 상황 속에서도 희망을 잃지 않으려는, 그럼으로써 이를 극복하고자 하는 시인의 극복 의지가 녹아 있기 때문이다.

    당신과 나 사이엔 / 한동안 / 적당한 거리감과 / 약간의 아쉬움과 / 때론 팽팽한 긴장감이 / 자리하고 있었다 // 오늘 밤엔 / 서로 마음을 트고 / 단둘이 만나기로 했다 / 이전의 다른 동석자同席者 없이 / 한 자루 촛불이 되어 / 어둠을 물고 타올라 / 뜨거워지기로 했다 // 그날만큼은 / 젊은 연인으로 만나 / 사랑을 나누기로 했다 / 그렇게 뜨거워지는 / 청춘이 되어 보기로 했다
                             - 〈단둘이 만나기로 했다〉 전문

  온전한 공동체가 되기 전까지 사람들 사이에서는 "적당한 거리

감과 / 약간의 아쉬움과 / 때론 팽팽한 긴장감"이 있기 마련이다. 이런 것들이 지속되거나 깊어지면 무관심이나 갈등으로 이어진다. 이에 대한 해법으로 시인은 "서로 마음을 트고 / 단둘이 만나기"를 제안한다. 둘이 하나가 되고 또 다른 하나가 다시 하나로 합쳐지는 과정을 통해, 거리감과 아쉬움과 긴장감을 함축하는 "어둠"을 내몰고, "뜨거워"짐으로써 부정적인 현실을 극복할 수 있다. 그런 점에서 이 시도 부정적인 현실에 대한 시인의 극복 의지를 보여 준다.

> 바람이 세차게 불던 날 / 또 하나의 생과 / 이별하고 있었다 // 그래도 산 사람은 / 살아야 한다며 / 장지葬地에 모여든 사람들은 / 추위에 떨면서도 / 천막 안에 앉거나 서서 / 급하게 차려진 음식을 / 목구멍으로 넘겼고 // 생계를 책임진 한 가장家長은 / 심술 난 바람에 천막 폴대를 / 굳게 잡고는 놓지 않았다 // 여느 해처럼 그렇듯 / 주변에선 마른 도깨비바늘들이 / 스치는 옷깃에 달라붙어 / 다시 시작할 곳을 찾고 있었다 // 오늘은 날씨가 비록 스산하지만 / 머지않아 봄은 찾아들 것이고 / 그러면 이곳에도 새싹은 돋고 / 이름 모를 들꽃도 피어나겠다
>
> ―〈장지葬地에서〉전문

'장지'는 망자와 유족에게는 죽음과 사별의 공간이지만, 유족과 조문객들에게는 삶과 만남의 공간이다. 그러므로 장지는 죽음과 삶, 이별과 만남의 공간이라는 이중성을 갖는다. 죽음에서 삶으로의 이행移行, 그 출발지가 바로 장지인 셈이다. 장지에 세차게 부는

바람과 추운 날씨는 극한의 상황이다. "또 하나의 생과 / 이별하"는 슬픈 상황에서 "그래도 산 사람은 / 살아야 한다며" 음식을 먹는 사람들, "심술 난 바람에 천막 폴대를 / 굳게 잡고는 놓지 않"는 가장家長, "스치는 옷깃에 달라붙어 / 다시 시작할 곳을 찾고 있"는 마른 도깨비바늘들의 모습은, 죽음과 이별이라는 부정적인 상황을 극복하고자 강한 생존 의지를 보여 주는 행위들이다. 이런 의지들이 있어, "머지않아 봄은 찾아들 것이고" 그래서 새싹과 꽃도 피어나 장지는 생명과 환희의 공간으로 거듭날 것이다. 우리는 이 시를 통해 죽음이라는 부정적 현실에 대한 극복 의지를 읽을 수 있다.

〈장지에서〉의 '장지'와 엘리엇T.S.Eliot의 〈황무지〉에서 '4월'은 공간적 배경과 시간적 배경이란 차이만 있을 뿐 시적 의미는 거의 유사하다. 산 사람은 살아야 한다는 메시지는 망자와의 단절과 결별을 의미한다. 그래서 '장지'는 비정한 죽음의 공간이면서 살아야 한다는 처절한 의지의 공간이 되는 것이다. 엘리엇의 '4월'이 죽음의 시간에서 삶의 시간으로의 전이를 의미한다면, '장지' 역시 죽음의 공간에서 삶의 공간으로의 전이를 의미한다고 볼 수 있기 때문이다.

내 몸 안에 흐르는 / 뜨겁고 붉은 피 / 살아 낼 틈을 찾아 떠돌다가 / 때가 왔다며 / 감정에 균열을 내고 / 분출하고 있다 / 젊은 혈기는 넘쳐 / 새로운 세상을 꿈꾼다 / 나목裸木들을 길러 낸 / 굳센 의지는 함몰되어 / 가마솥으로 변하고 / 그런 칼데라에는 / 차츰 생명의 물이 고인다 / 얕

게 또는 깊게 / 좁게 또는 넓게 / 딱 그만큼의 하늘을 비추는 / 내 안의 칼데라

- 〈칼데라〉 전문

'칼데라Caldera'는 독일어로 화산 분출에 따라 붕락崩落으로 형성된 화산 지형을 말한다. 화자는 이를 통해 자신의 몸 안에 흐르는 강렬한 감정과 에너지를 비유적으로 드러내고 있다. "내 몸 안에 흐르는 / 뜨겁고 붉은 피"가 마그마(용암)라면, "때가 왔다며 / 감정에 균열을 내고 / 분출"하는 것은 화산 폭발일 것이다. 이는 곧 "새로운 세상을 꿈"꾸는 젊은 혈기이다. "나목裸木들을 길러 낸 / 굳센 의지"가 의미하는 바가 불분명하지만, 모든 것을 불태우고 난 다음 '생명의 물'이 고이는 '칼데라'는 소멸과 생성을 통해 다다른 화자의 마음일 것이다. 시인은 이를 통해 인간의 내적인 변화와 성장의 과정을 보여 준다. "얕게 또는 깊게 / 좁게 또는 넓게 / 딱 그만큼의 하늘을 비추는" 칼데라는 격정의 분출과 파괴를 통해 다다른 안정된 삶의 경지라 할 수 있다. 이는 마치 김현승의 시 〈가을의 기도〉에 나오는 '영혼', 마른 나뭇가지 위에 다다른 '까마귀' 같은 경지가 아닐까 싶다.

소소한 일상에 대한 따뜻한 시선

이신구 시인은 소소한 일상에 대해서도 남다른 애정을 보인다.

명일동 산자락에 있는 친구 집에서의 일상을 노래하는 〈명일동 이야기〉는 바로 그 대표적인 작품이다.

> 지하철역이 있고 / 아파트가 우뚝 선 / 근처, 그윽한 산자락에 / 자리한 2층집 / 그곳에 들르면 / 귀한 차를 마신다 / 차의 맛과 자연의 멋을 아는 / 주인장을 잘 만나 / 산새 소리들도 모여 산다 // 비둘기에도 종류가 있단다 / 마음씨가 있단다 / 도시 길거리에서 온 비둘기와 / 자연을 고즈넉이 즐기는 비둘기 / 내는 목소리까지 다르단다 / 그러다 어떤 날이면 / 참새 두 마리 쌍으로 / 정찰병으로 왔다가 / 이내 무리를 이끌고 / 먹이를 찾아 날아든단다
> - 〈명일동 이야기〉 전문

주인장은 "차의 맛과 자연의 멋을 아는" 부부로 차와 산새와 더불어 산다. 비둘기와 참새에 대한 에피소드는 이들에 대한 관심과 관찰 없이는 알기 어렵다. 시인은 이를 통해 자연과 더불어 사는 잔잔한 일상의 여유와 멋을 일깨워 준다. 이 시는 인간과 자연의 화합과 조화를 보여 주는 담백한 삽화의 한 장면이라 할 것이다.

> 그녀는 귀가 닳게 / 말하곤 했다 / 자기는 작업복이 싫었단다 // 그이의 출근을 위해서는 / 한결같이 새하얀 와이셔츠와 / 빨간 넥타이를 준비했다 // 그러던 그녀가 나이를 먹더니 / 걍 편한 캐주얼이 좋단다 / 물론 그도 삶을 조이는 / 넥타이는 사양이다 // 그래서 요즘은 자연스럽게 /

그들 부부의 정장은 / 봄 여름 가을 겨울 / 대부분의 계절을 / 옷장 안에서 지낸다

－〈정장〉 전문

'작업복'이 블루칼라Blue Collar를 의미한다면, '와이셔츠'와 '넥타이', '정장'은 화이트칼라White Collar의 전형이다. 예전에 화이트칼라가 출세의 상징이기도 했다는 점에서 대부분의 사람들처럼 젊은 시절의 화자와 아내는 화이트칼라를 추구했을 것이다. 그랬던 그녀가 화이트칼라는 "삶을 조이는" 것이자 인위적인 것임을 자각하고, 자연스럽고 자유로운 '캐주얼'을 선호하게 된다. 그러한 변화는 "나이를 먹"었기 때문이다. 나이 듦은 '진정한 삶에 대한 깨달음을 얻는 것'이다. 아주 사소한 아내와의 대화에서 시인은 '나이 듦'의 의미와 진정한 삶의 가치를 평범한 언술로 이끌어 내고 있다.

실핏줄 같은 / 물줄기로 흐르다가 / 아리수에 와 닿으면 // 하늘 높은 줄 모르고 / 솟아오르는 / 현대식 빌딩 숲에 / 화려한 네온사인 // 오랜 세월 / 아무런 관심조차 / 받지 못하다가 // 서울 변두리 / 재건축 아파트 밑에 / 구렁이처럼 똬리를 틀고 / 긴 잠에 빠졌다가 / 그 위용을 드러낸다 // 문명의 꽃이란 / 이 세상에 나와 / 활짝 피었다가 / 때가 되어, 그렇게 / 흔적을 남기는 법 // 한성 옛터에 들러 / 잠시, 바쁘게만 돌던 / 시곗바늘을 세우고 / 이 땅에서의 지난한 / 흥망성쇠를 / 반추하는 시간

－〈한성 옛터〉 전문

아리수는 한강을 이르는 고어로 크다는 뜻의 '아리'와 '물水'이 합쳐진 말이다. '현대식 빌딩', '네온사인'으로 표상되는 현대 문명의 시원始原은 "실핏줄 같은 / 물줄기"이다. 그 남상濫觴에 해당되는, 가는 물줄기들이 아리수를 형성하여 '한성'이라는 문명을 탄생시킨 것이다. 한성은 백제의 수도였던 위례성과 조선의 수도였던 한성부를 일컫는데, 아마도 시인은 나들이로 나섰던 '한성 옛터'에서 백제에서 조선에 이르는 "지난한 / 흥망성쇠"를 떠올렸을 것이다. 역사와 문명에 대한 시인의 단상斷想이 간결하게 드러나 있는 작품이다.

> 반평생 밭을 일구며 / 농가를 지킨 노인은 / 겨울이 올 때마다 / 땔감 걱정을 한다 / 멀지 않은 산비탈에 / 할미는 누워 일어날 줄 모르고 / 요즘엔 마음이 차지 않으면 / 다행이라 여긴다 // 주말이면 누군가를 기다린다 / 홀로 살아 내며 그렇게 / 심신도 점차 지쳐 간다 / 그제는 강풍에 지붕이 날았다 / 하루하루 마음을 다스리며 / 이제껏 버텨 왔는데 / 아뿔싸 뚜껑이 열렸다 // 비용을 아끼려 땜질만 할까 / 여러모로 고민도 하였지만 / 아직 몇 년을 더 살지 몰라 / 인부를 사서 / 날아가고 남은 것들을 걷어 낸다 / 새로 지붕을 단장한다 / 그날 밤 단장한 지붕 위로는 / 둥근달이 가만히 내려앉는다
>
> ─ 〈지붕〉 전문

홀로 사는 노인의 외롭고 고단한 삶을 직설적이면서도 서정적인 표현으로 담담하게 그리고 있다. 외진 산골에서 겨울이 올 때마

다 땔감 걱정을 해야 하는 노인에게, 아내 없는 삶은 적막 그 자체다. 주말이면 자식들을 기다려 보지만 아무도 오지 않아 심신은 더욱 지치고 외로울 수밖에 없다. 설상가상으로 강풍에 지붕이 날아갔으니, "하루하루 마음을 다스리며 / 이제껏 버텨" 온 노인의 낙담은 얼마나 깊었을까? 그러나 노인은 다시 일어서서 새로 지붕을 단장한다. 지붕 단장은 삶에 대한 노인의 의지가 구체화된 표현이다. "그날 밤 단장한 지붕 위로" 내려앉은 "둥근달"은 그런 노인을 위한 위안이고 축복이라고 할 수 있다. 특히 둥근달이 내려앉는 장면은 전영택의 소설 『화수분』의 마지막 장면에 나오는 '따뜻한 햇볕'을 떠올리게 한다. 독자에게 따뜻한 감동을 안겨 주는 시인의 인도주의적 성향이 잘 드러난 작품이다.

> 요양원 창밖으로 / 과수원이 가까이 보인다 / 사과나무가 주렁주렁 열매를 달고 / 세상 사람들에게 자랑하고 있다 / 밖을 이렇게 내다볼 수 있다는 건 / 행복이다 // 살아서 나갈 수 있을까 / 아무렇지 않게 걸어 나가 / 저 사과나무와도 함께할 수 있을까 // "이제 그만 갈까" / 작별 인사를 하려는데 / 들릴 듯 말 듯 / "더 있다 가" / 라며 떠나려는 마음을 잡아끈다 // 돌아오는 길가 / 예상치 못한 어느 새의 / 죽음을 생각하고 있다 / 이제 살 만큼 살았을까 / 그래도 살아야 하는 것이 / 생에 대한 미덕일까
> ─⟨과수원 옆 요양원⟩ 전문

"사과나무가 주렁주렁 열매를 달"고 있는 과수원은 자연과 생명

의 공간이자 성취와 보람의 현장이다. 화자에게 이를 바라보는 것은 '행복'이다. 하지만 "살아서 나갈 수 있을까" 하는 진술에서 분위기는 반전된다.

'과수원'과 대비되는 '요양원'은 늙음과 죽음의 어두운 그림자를 머금고 있다. "아무렇지 않게 걸어 나가 / 저 사과나무와도 함께 할 수 있을까" 하며 생에 대한 희망을 품어 보지만, 나이 든 화자에게 그 희망은 덧없다. 그래서 화자는 "이제 그만 갈까"라고 작별 인사를 하며, 주어진 현실을 인정하고 수용하는 태도를 보인다. 이때 "들릴 듯 말 듯 / '더 있다 가'"라며 떠나려는 마음을 잡아끄는 것은 누군가의 따뜻한 위안일 것이다. "이제 살 만큼 살았을까 / 그래도 살아야 하는 것이 / 생에 대한 미덕일까"라는 화자의 자문을 통해 화자는 삶의 의미와 그 가치에 대한 성찰을 보여 준다. 시인은 요양원 창밖으로 바라본 과수원의 모습을 통해 삶의 아름다움과 행복을 느끼는 동시에 화자가 처한 삶의 한계와 죽음에 대해 성찰하고 있다.

온전한 공동체를 위한 소망

온전한 공동체는 우리 모두가 잘 사는 세상이다. 그것을 온전히 실현하는 것은 불가능에 가깝지만, 그렇다고 포기할 수는 없다. 적어도 우리에게는 그런 세상을 만들기 위해 노력해야 할 의무가 있다. 그 출발점은 바로 가난하고 소외된 이들에 대한 관심과 사랑이며, 이는 십시일반十匙一飯을 통해 어느 정도 실현이 가능하다. 그렇기에 이신구 시인의 시에는 가난하고 소외된 이들에 대한 관심과 사랑이 적지 않다.

> 불확실성의 시대를 / 사는 잡초들 / 밟힐 때마다 살아 내기 위하여 / 수직이 아니라도 좋다며 / 차선인 수평을 선택한다 / 보도블록 사이로 / 잡초가 꿈틀대며 희망을 향해 / (중략) 그래도 저기 저 잡초처럼 / 빛을 찾아 손을 뻗치며 / 이 고립된 도시에서 살아 보자며 / 나라와 이웃의 반짝 관심에도 / 벗어 버리지 못하는 근심을 안고 / 힘겹게 버티며 / 살아가는 사람들이 있다
>
> ─〈반지하〉에서

이 시에서 반지하에 사는 사람들은 사회에서 소외된 사회적 약자로 "불확실성의 시대를 / 사는 잡초들"이다. 그들에게는 모든 것이 막막하고 삭막하며 어려운 현실에 놓여 있다. "밟힐 때마다 살아 내기 위하여" 더 나은 삶을 상징하는 '수직'을 포기하고 최소한의 생존을 상징하는 '수평'을 선택한다. 그들은 악조건 속에서도 생존의 의지를 놓지 않는다. '보도블록 사이'나 '반지하'는 잡초와 가난하고 소외된 사람이 살아가는 열악한 생존 공간이다. '먹구름'과 '빗물'이라는 시련이 닥쳐도 "잡초처럼 / 빛을 찾아 손을 뻗치며 / 이 고립된 도시에서 살아 보자며" 생존을 이어 간다. '나라와 이웃의 반짝 관심'은 있지만, 그들의 '근심'과 어려움을 해결해 주지 못한다. 그들에게는 오직 "힘겹게 버티"는 것뿐이다. 시인은 이 시를

통해 어려운 상황 속에서도 힘겹게 버티며 생존 의지를 다지는, 가난하고 소외된 사회적 약자들에 대한 관심과 사랑을 촉구하고 있다. 자본주의 사회에 만연한 불평등의 문제를 인도적 차원에서 접근하고자 하는 시인의 의도가 드러나는 작품이다.

> 요즘 같은 / 인플레 시대에 / 단돈 이천 원 / 게다가 무한 리필 // 옛 입맛을 우려내는 / 국숫집 할머니는 / 마음마저 푸짐한 / 무명 시인 // 하루 시장기를 덜고 / 치를 돈 없어 냅다 도망치는 / 한 젊은이의 등을 향해 던져진 / 십여 년을 고이 간직한 말 // "뛰지 말어, 다쳐! / 배고프면 또 와"
>
> — 〈무명 시인〉 전문

저렴한 국숫값에 무한 리필까지 주는 국숫집 할머니는 먹튀를 하는 가난한 젊은이를 향해 비난은커녕 오히려 염려하는 말을 건넨다. 시인은 그 청년을 대하는 할머니의 안타까움과 사랑을 통해 우리 사회에서 사라져 가는 배려와 따뜻한 인정을 되살리고 싶었을 것이다.

또한 그 할머니를 "무명 시인"으로 명명한 것은, 시적 화자 그 자신이 배려와 인정의 따뜻한 인간미를 노래하는 시인이 되고 싶다는 소망의 표현이기도 하고, 최소한 가난하고 소외된 이들에 대한 관심과 배려, 따뜻한 인간미를 가지고 있어야 한다는 시인 자신에게 하는 스스로의 다짐이기도 할 것이다.

멀리서 찾아온 멘토 / 찰리 채플린이 감히 / 내 인생에 참
견을 했다 / 웃지 않으면 진 거야 / 당신 실수한 거야 //
인정하기 싫겠지만 / 당신 오늘 하루 / 허투루 산 거야

－〈오늘 하루〉부분

  그에게 웃음이란 무엇일까? 구체적인 단서는 없지만, 최소한 승
리와 패배, 온전함과 실수, 알찬 삶과 허튼 삶을 가르는 기준이라
는 점은 분명하다. 그런 점에 비추어 보면 웃음은 삶의 여유이기도
하고, 최선을 다한 후의 보람이기도 하며, 이웃에 대한 배려와 사
랑이기도 할 것이다. 시인이 바라는 세상과 삶은 바로 여기에 뿌리
를 두고 있다.

먹어야 산다 / 골고루 갖춰야 / 비빔밥이 맛을 낸다 // 고
기만 먹고 / 살 수는 없다 / 콩나물, 시금치에 고사리 / 이
것과 저것을 넣는다 // 자유와 평등이라는 / 양념에다 /
우리네 생활비를 섞고 // 마음만 끌어안고 / 살 수는 없어
/ 지친 몸뚱이를 살핀다 // 눈과 입을 위하여 / 색깔과 맛
깔이 조화를 이룬 / 그런 비빔밥을 찾고 있다

－〈비빔밥〉전문

  비빔밥은 아무래도 '골고루 갖춰야' 제격이다. 고기, 콩나물, 시
금치, 자유와 평등이라는 양념과 심지어 우리네 생활비까지 다 넣
어야 한다. 그런 점에서 비빔밥은 다양성의 전형이다. 또한 비빔밥
은 다양하고 신선한 재료를 넣어 '비벼야' 하는데, 그 비빔은 곧 조

화이며, 물리적 결합을 넘은 화학적 결합이다. 어찌 밥만이 그러하겠는가? 무엇이든 다양한 요소들이 조화를 이룰 때 제 역할을 다하는 것임을 우리네 조상은 오래전부터 알고 있었다. 시인은 그런 점에서 우리 사회도 "색깔과 맛깔이 조화를 이룬" 그런 공동체가 되기를 염원하고 있다.

> 짜장면을 먹을까 / 짬뽕을 먹을까 // 손님의 니즈를 수용하여 / 둘 다 먹는 방법을 / 연구하다 / 정식 메뉴로 등극한 지 오래 // 처음에는 / 맛보기로 시작을 했겠지 / 가끔은 / 아니라는 소리도 들었겠지 // 그렇게 손님들에게 눈도장을 찍으면서 / 반반이 된 짬짜면이 / 사례가 된다 // 물러난 것도 아닌 것이 / 자리를 지키는 것도 아닌 것이 / 반퇴 인생으로 환영받고 // 같이 사는 것도 아닌 것이 / 헤어진 것도 아닌 것이 / 졸혼이란 독립체로 인용이 되는 세상 // 오늘은 짬뽕으로 가자고 하고 / 누구는 짜장면을 고집하지만 / 짬짜면이면 또 어떠하리
>
> ―〈짬짜면〉 전문

〈짬짜면〉도 대립과 갈등을 지양하고 화합과 조화를 추구한다는 점에서 〈비빔밥〉과 궤를 같이하는 작품이다. 중국집에서 늘 우리를 힘들게 하는 명제는 '짬'이나 '짜'이냐는 것, 그런데 그 누군가가 그런 문제를 일거에 '짬짜면'으로 해결했다. 이는 손님들의 취향과 선택을 배려한 고려와 노력이 빚어낸 결과다. 비록 비빔밥처럼 온전히 섞이진 않아도 타협과 조화의 산물임은 분명하다. 나누어

져 있어도 타협으로 조화를 이루었기 때문이다. 시인은 이를 우리 삶에 적용한다. 우리 사회에서 적지 않은 부부들이 황혼 이혼을 선택하거나, 계속 같이 살아야 할지 헤어져야 할지 고민하기도 한다. 여기서 짬짜면같이 등장한 해결책이 바로 '졸혼'이다. 졸혼은 일종의 따로 또 같이의 삶이다. 혼인 관계를 유지하며 가족이라는 울타리를 지키면서도, 서로를 구속하지 않고 자유롭게 살아가는 삶. 그러니 짬짜면과 상통한다는 것이 시인의 생각이다. 그러나 이것이 어찌 부부 관계에만 국한되랴? 남북도 여야도 오늘만큼은 이런 짬짜면을 먹으면서 대립과 갈등을 넘어 나라와 겨레를 위해 할 일이 무엇인지를 생각했으면 싶다.

이신구 시인은 낙관론자에 가깝지만, 냉혹한 현실을 외면하거나 모든 것을 미화하는 단순한 이상주의자는 아니다. 성취를 위해 필요한 과정이나 치러야 할 대가를 제시하고 이에 대한 노력을 요구하기도 한다.

> 매서운 겨울바람에 / 춥지 말고 / 아직 갈 길 멀다며 / 기죽지 말고 // 다가올 더 따뜻한 / 미래를 향하여 / 우리, 함께 날자
>
> － 〈V〉 부분

시인은 오늘날 우리가 처한 상황을 "매서운 겨울바람"이 몰아치는, "갈 길이" 먼 현실로 인식하지만, 화자는 이에 좌절하거나 굴복하지 않고 "따듯한 / 미래"를 꿈꾼다. 그의 긍정적이고 낙관적인 태

도 때문이다. 하지만 '따뜻한 미래'는 꿈꾸는 것만으로 주어지지 않는다. 그렇다고 해서 시인은 남의 탓을 하거나, 상대를 적으로 간주하여 투쟁의 목소리를 높이지도 않는다. 모름지기 모든 부정적인 현실을 극복하기 위해서는 대립과 갈등을 뛰어넘는, 우리 모두의 노력이 필요하다. 그래서 시인은 "기러기 떼처럼 / 우리, V자로 날자" 하며 공동체의 과제를 제시하고 이를 실현하기 위한 노력을 촉구한다.

다음 시를 보자.

플랑크톤의 지난한 입질, / 자궁 안과 밖 / 0과 1 / 중력과 무중력 사이 // 의식과 무의식 / 무한과 유한 / 전체와 개체에 대하여 // 그 교집합의 답안을 요구하는 / 당신, // 어쨌거나 / 오늘 한낮에도 / 그 사이를 별똥별이 진다
― 〈경계境界〉 전문

이 시는 대조적인 개념들 사이의 경계와 그 중간 지대를 탐구하는 시로 읽힌다. 시인은 '자궁 안과 밖', '0과 1', '중력과 무중력', '의식과 무의식', '무한과 유한', '전체와 개체' 등 상반된 개념들을 열거한 후, 그 경계에서의 교집합을 요구하는 '당신'을 등장시킨다. 경계는 서로 다른 개념이나 집단을 둘로 나누는 구분선이다. 경계에서 교집합의 답안을 요구하는 '당신'은 일견 무리한 요구를 하는 이로 비친다. 교집합은 주지하다시피 '두 집합이 공통으로 포함하는 원소로 이루어진 부분'인데, 구분선에서 교집합을 요구하는 것은 어불성설語不成說이다. 그러나 시인은 '경계' 사이에 '별똥별'을 등

장시키는데, 상반된 요소 사이에 지는 '별똥별'은 바로 그 교집합의 상징으로 읽힌다. 이로써 '경계'는 두 요소를 나누는 구분선이기도 하지만, 동시에 그 둘이 만나는 접촉선이기도 하다는 인식에 도달한다. 결국 이 시에서 '경계'는 서로 배타적인 공간이 아니라, 상호작용의 공간임을 시사한다.

대조적인 집단 사이에 '경계'는 정현종의 〈섬〉을 떠올리게 한다. '섬'은 단절과 고립을 의미하기도 하지만, 연결과 만남의 의미도 있다. 정현종이 '섬'을 통해 단절된 인간관계를 극복하고자 하는 것처럼 이 시인도 '경계'의 중의적 의미를 통해 그런 소망과 의지를 드러내고 있다. 이 시는 대립하고 갈등하며 분열을 거듭하는 우리 사회에 각성의 계기를 주는 작품이다.

> 포환던지기 선수가 되어 / 사과를 허공에 던지는 / 연습을 하고 있다 / 사랑을 허공에 던질 때마다 / 포물선을 긋는다 // 여자 선수가 던진 사과가 높게 난다 / 그만큼 멀리 날지는 못하지만 / 남자 선수가 던진 사과는 멀리 난다 / 멀리 나는 만큼 높을 수가 없지만 // 포물선이 불일치할 때마다 / 파열음을 낸다 // 물론 여자 선수가 / 멀리 던지는 경우가 있다 / 간혹 남자 선수가 / 높게 던질 수도 있다 // 뛰어난 선수라면 남녀 모두 / 더 높게 더 멀리 날아 / 사랑의 자연법칙을 깬다 / 투포환 종목에서 신기록을 세운다
>
> 　　　　　　　　　　　　　　　－〈사랑의 포물선〉전문

'포환' 또는 '사과'는 '사랑'의 은유이다. 사랑하는 행위를 사과나 포환을 던지는 것으로 표현하는 시인의 상상력과 인식이 독특하다. 시인은 여성이 던진 사과는 높게 날지만 멀리 날지 못하고, 남성이 던진 사과는 멀리 날지만 높이 날지 못한다는 것으로 남성과 여성의 일반적인 사랑 표현 방식과 그 한계를 지적한다. 이어 "여자 선수가 / 멀리 던지"기도 "남자 선수가 / 높게 던"지기도 한다며, 남녀 간 사랑의 방식에 고정된 규칙이 없다는 여지를 두기도 한다. 여성과 남성은 기본적으로 『화성에서 온 남자와 금성에서 온 여자』(존 그레이)처럼 서로 다를 수밖에 없다. 그러므로 남녀가 던지는 그 궤적은 일치하지 않고, 필연적으로 '파열음'이 날 수밖에 없는 것이다. 그것이 곧 사랑의 불협화음이며 갈등이다. 그러나 "뛰어난 선수라면 남녀 모두 / 더 높게, 더 멀리 날아 / 사랑의 자연법칙을" 깨고 '신기록'을 세우는 법이다. 남녀가 서로의 방식을 존중하고 이해하며 서로의 단점을 지양하고, 장점을 추구함으로써, '모두'가 '더 높게' '더 멀리' 던지는 행위를 시도한다. 그리고 이를 통해 '신기록'이라는 이상적 사랑을 성취해 낸다. 그것이 바로 시인이 추구하는 사랑의 이상적인 모습이며, 진정한 사랑의 성취이다. 시인은 '던지기'라는 행위를 통해 '진정한 사랑'의 모습을 독자들에게 보여 주고 있다.

진한 소주보다는 / 컬컬한 막걸리 몇 사발 / 안주도 없이 들이켜고는 / 수고 많으시다며 / 점주에게도 한 사발 권하면 / 우리 모두가 시장 사람 // (중략) 세월이 흘러 이제

/ 골목 풍경도 바뀌고 / 인심까지 변했겠지만 / 그때 그 정겨웠던 / 우리들 삶의 뒤안, / 용두골 아리랑이 되어 남는다

― 〈용두골 아리랑〉 부분

 비록 하찮은 술이나마 서로 권하는 행위는 사람들을 "시장 사람"으로 잇는 행위다. 말하자면 '나'와 '남'이라는 개인을 '우리'라는 공동체로 인식하는 행위가 된다. 동료의식은 함께하는 데서 출발한다. 우리 아버지들의 삶은 소박한 것들을 나누며 서로에 대한 관심과 배려로 따뜻한 인정을 이어 온 게 아니었던가. 생활 환경이 바뀌고 삶의 양식이 바뀌면서 몇십 년 만에 우리는 공동체로서 '우리'를 잊거나 잃어버렸다. 그러나 시인의 마음속에는 이러한 삶이 "용두골 아리랑"으로 오롯이 남아 있다. 이는 잊히거나 잃어버린 것에 대한 아쉬움으로 읽힐 수도 있겠지만, 남아 있다는 것은 잊지 못하는 것이고, 그것은 언젠가는 다시 회복하고 싶다는 소망이 되기도 한다. 그런 점에서 '용두골'은 바로 이신구 시인이 회복하고자 하는 이상향이라 할 수 있다.

이곳엔 처음 사시나 봐요 / 세상이 잘 보이라고 / 창문도 매일같이 닦고 / 마음 한가운데는 / 우물을 파고 / 버들가지 늘어진 개울이 / 허리춤을 지나는 / 이곳엔 첫걸음인가 봐요 / 이 세상의 돌다리 / 처음 건너시나 봐요 / 당신이 함께 걸으면 / 가시밭길도 꽃길이 되어 / 행복이 꽃피는 마을 / 이곳에 귀한 손님으로 / 처음 오셨나 봐요

― 〈이사〉 전문

이 시는 거주민이 이주민에게 말을 건네는 형식을 취하고 있다. 거주민이 사는 이곳은 "세상이 잘 보이라고 / 창문도 매일같이 닦고 / 마음 한가운데는 / 우물을 파"는 곳으로, "당신이 함께 걸으면 / 가시밭길도 꽃길이 되어 / 행복이 꽃피는 마을"이다. 이는 새로 이주할 사람에게 이곳을 소개하는 말이기도 하고 이곳에서의 생활수칙을 알려 주는 말이기도 하다. '창문'은 외부를 바라보는 통로로 세상을 이해하고 수용하는 매체이자 소통의 창구다. 그런 점에서 창문을 깨끗이 닦는 행위는 외부와 바람직한 소통을 하려는 시도라고 볼 수 있다. "마음 한가운데는 / 우물을 파"는 행위는 진정한 소통을 위한 자기 성찰이나 탐구이며, "버들가지 늘어진 개울이 / 허리춤을 지나는" 이곳은 이런 사람들이 모여 가꾼 아름답고 평화로운 공간이다. 설렘과 두려움으로 "이 세상의 돌다리 / 처음 건너"는 이에게 화자는 새로 이사할 곳이 "당신이 함께 걸으면 / 가시밭길도 꽃길이 되"는 곳이라며 위로와 격려와 환영 인사를 건넨다. 이상적인 삶의 터전은 거저 주어지지 않는다. 지켜야 할 수칙이 있고 소통과 배려와 나눔이 요구된다. 그런 점에서 우리는 이 시를 통해 이상적인 공동체의 단면을 엿볼 수 있다. 이 시를 읽다 보면 거주민과 이주민이 하나 되어 이룰 이상적인 공동체 마을이 눈에 그려진다.

사람들이여! / '코이'라는 비단잉어를 / 알랑가 몰라 // 어항이나 조그만 수조에서 / 그만큼만 숨 쉬면 / 겨우 8센티미터쯤에서 / 생장을 멈춘다나요 // 또 작은 연못이나

/ 커다란 수조를 무대로 유영하면 / 수십 센티미터로 / 자라나기도 하고요 // 거기다 큰 강이나 / 호수에서 어울려 활동하면 / 무려 120센티미터까지 / 몸집을 키운다지요 // 변화무쌍한 인생을 무대로 / 비단잉어의 꿈을 안고 / 우리 함께 살아 볼까요 / 홍익인간을 꿈꾸는 세상 / 키워 가기 나름인 걸요

-〈비단잉어의 꿈〉전문

코이Koi는 시각 장애인 김예지 국회의원이 대정부 질문에서 한 감동적인 연설로, 우리에게는 '비단잉어'로 널리 알려져 있다. 강에서 자라는 이 물고기는 원래는 100㎝ 넘게 자라는 대형 어종이지만, 수족관에서 20㎝ 내외, 작은 어항에서는 10㎝ 미만으로 자란다. 이렇듯 코이가 주어진 환경에 따라 크기를 달리하는 이유는 물의 상태를 파악하여 성장 호르몬을 조절하는 메커니즘을 가지고 있기 때문이다. 여기에서 '코이의 법칙Koi's Law'이 생겼다. 사람 또한 환경이나 생각 및 의지에 따라 능력과 꿈의 크기가 달라져 종국에 가서는 엄청난 결과의 차이를 만들어 낸다는 법칙이다.

시인은 이 코이를 통해 우리 사회가, 기회와 가능성과 성장을 가로막는 어항과 수족관에 해당하는 틀의 한계를 깨고, 무한한 가능성을 실현해 나가는 큰 강물이 되기를 소망하고 있다.

무엇이 시를 사치라 여겼을까 / 문밖에서만 가꾸며 보듬던 연꽃들을 / 만년에 와서야 마음 한편에 심는다 // 나무 심기는 기본이 십 년 / 손수 일구고 몸으로 실험해 온 지

얼마던가 / 산장의 노인장은 잠시 일손을 놓는다 // 몇 송이 연꽃으로 시작한 삶이 / 내년에는 수십 송이로 불어나고 / 후년이면 내년의 제곱으로 번져 나가 / 향기도 피워 내고 제맛을 낼 터 // 북한산 근처, 가로지른 산비탈 앞 / 나지막한 언덕이 뒤로 누운 번계산장에 / 곡식과 꽃과 나무의 지식이 빼곡히 쌓인다 / 실용화한 열매를 수확해선, 촌부들과 나누며 / 일하는 기쁨까지 덤으로 누린다 // 연꽃을 스치는 그의 살갗이 / 저기 저 임원에 드는 햇살로 파랗게 탈 때면 / 미처 알아보지 못했던 고전의 향기에 / 눈썰미 있는 사람들이 새록새록 모여든다
― 〈번계산장을 생각하며〉 전문

"북한산 근처, 가로지른 산비탈 앞 / 나지막한 언덕이 뒤로 누운 번계산장"이 있단다. 이 시는 바로 그 번계산장의 노인장에 관한 시이다. 이 노인장에 대한 사전 지식이 없으면 이 시를 이해하기 버겁다. 산장 이름이 '번계'이니 주인장은 아마도 조선 후기의 실학자인 서유구徐有榘일 것이다. 관련 분야 사람들에게 그는 『임원경제지』를 저술한 학자로 유명하다. 벼슬에서 물러난 뒤에는 세간을 번계(현재 서울 강북구 번동)로 옮겨, 자신이 저술한 『임원경제지』를 임원 생활에 적용하고 시험했다고 한다. 이 시는 그때의 이야기를 다루고 있다.

시를 사치라 여긴 이유를 자문하며 연꽃을 마음에 심는 노인. 그의 상상 속에서 연꽃은 "내년에는 수십 송이로 불어나고 / 후년이면 내년의 제곱으로 번져 나가 / 향기도 피워 내고 제맛을 낼" 것

이며, 번계산장 주변은 "곡식과 꽃과 나무의 지식이 빼곡히 쌓"일 것이다. 촌부들과 수확한 농산물을 나누며 일하는 기쁨까지 누리는 노인장의 삶은 선비나 학자로서는 누리고 느끼지 못한 삶의 묘미가 있다. 자신의 지식을 실용화하여 백성들과 나누는 노인장의 모습과, 노인장의 경지를 뒤늦게 깨달은 눈썰미 있는 사람들이 산장에 모여드는 모습을 통해, 그의 가치는 새롭게 조명된다. 진정한 생명 공동체를 꿈꾸는 시인에게 이는 좋은 시제詩題였을 것이다.

정신적인 가치를 중시하는 삶

올겨울 찬 바람 속 / 누가, 그 난공불락難攻不落 / 무소유를 100만 원의 가격으로 / 사들였다는 소문에 / 나도 그 마음을 / 소유할 수 있다면
― 〈무소유를 소유하다〉 부분

사람도 책도 세월이 흐르면 감가상각비 탓에 그 가치가 하락하는 게 일반적이다. 그러나 희소성에 따른 경제 원칙도 적용될 수 있다. 1976년 초판 초쇄본 정가 280원인 법정의 『무소유』를 100만 원에 구입했다는 소문 속 그 사람은 감가상각비보다는 희소성에 눈을 돌린 사람일 것이다. 단순히 물질적 가치로만 따진다면 그 책은 가치가 없다. 그러나 『무소유』라는 책에 녹아 있는 정신적 가치와, 초판 초쇄본으로 구하기 힘들다는 점에서 희소성을

중시한 그 사람에게는 100만 원도 아깝지 않았을 것이다. 그는 물질적인 가치보다는 정신적 가치를 중히 여기는 사람이므로. (물론 서지적 가치를 이용하여 되팔아 차액을 남기려는 의도가 아니라는 전제하에서 그렇다는 말이다.) 그는 물질적인 차원에서는 무소유를, 정신적인 차원에서는 소유를 소유하였으니, 이른바 무소유를 소유한 사람이다. 시인은 이 시를 통해 물질만능의 세상을 사는 현대인에게 '무소유의 소유'라는 의미를 되새기게 하고 있다.

> 내 마음을 / 방명록에 옮겨 쓴 / "법정 스님을 보고 갑니다" // 성북동, 어느 가파른 / 언덕에서 맞닥뜨린 / 겉보기에 남루해 보여도 / 속을 들여다보면 / 마음까지 깨끗해지는 / 옷 // 우리 앞에 남겨진 / 신분증을 대신했었을 / 계첩戒牒, 그리고 / 몇 점의 유산 // 이 겨울 / 따뜻한 온돌방 / 옷은 벗어 두고 / 그는 어디로 갔을까
> — 〈길상사에서〉 전문

길상사라는 이름의 사찰은 많지만, 이 시에서 '길상사'는 서울 성북구에 있는 사찰이다. 원래 이곳은 최고급 요정인 대원각大苑閣이었는데, 주인인 기생 김영한이 법정 스님의 『무소유』를 읽고 감명을 받아, 이곳을 법정에게 시주함으로써 길상사로 변했다. 속세의 대원각이 탈속의 길상사로 바뀐 사연이다. 그러므로 시간의 간격은 있지만 세속과 탈속의 모순이 공존하는 공간이기도 하다. 길상사 높은 곳에 자리한 진영각에는 법정 스님의 영정과 유품이 전시되어 있는데, 화자는 여기서 법정을 만난다. "겉보기에 남루해 보

여도 / 속을 들여다보면 / 마음까지 깨끗해지는 / 옷"과 '계첩'은 법정의 분신이다. 화자는 법정의 정신적 경지와 청빈하고 올곧은 삶을 담은 유물을 통해 법정에 대한 흠모와 함께 속세를 살아가는 자신을 성찰하는 계기로 삼고 있다.

> 하루를 오고 가며 / 너와 내가 / 산책하는 오솔길 / 저 멀리 우주 공간을 / 달려온 무수한 햇살들 / 무더운 한낮을 / 함께 호흡하는 나뭇잎들 // 밤바다 위에서 / 반쯤 눈을 감는 노란 달 / 어른들을 위한 / 자장가를 준비하는 / 여름날의 바닷가 // 마음이 따듯한 / 영혼들과 어울려 / 오늘도 가상 공간을 떠돌며 / 여기저기 헤엄치듯 / 반짝이는 시구詩句들
>
> ―〈공공재公共財〉전문

공공재Public Goods란, 정부 또는 지방 단체가 공적 목적을 위해 제공하는 재화 또는 서비스를 말한다. 전기, 수도, 통신, 도로, 의무교육 등이 대표적인 예다. 이런 공공재는 비경합성Non-rivalry과 비배제성Non-excludability을 그 특성으로 한다. '오솔길', '햇살', '나뭇잎', '달', '바닷가' 등의 자연은 근원적인 공공재이다. 시인은 여기에 시를 더한다. 시인은 공공재의 개념을 경제적인 차원에서 자연과 시로 확산시킨다. 그럼으로써 이 자본주의 시대, 물질만능의 사회에서도 시가 당당히 공공재로 기능하기를 바라는 시인의 바람을 드러낸다.

그대는 이 봄 / 아지랑이로 찾아온다 / 붉은 분홍빛으로 분칠한 / 산등성이에 누워 / 푸른 소나무의 피부를 / 간지럽히며 유혹한다 // 옛사랑을 빚다가 / 포기하고 끝내 절망하여 / 절필絶筆한 어느 시인의 / 정신세계를 깨어나게 한다 // 모든 남자들의 우상 / 모든 예술가들의 우상 / 하얀 겨울 나신裸身으로 잠들던 그대 / 프러포즈를 위해 이 세상이 선물한 / 붉은 분홍색 원피스를 두르고 // 아름다움을 복제하기 위하여 / 희미한 달빛을 쫓던 / 사내의 품에 안긴다 / 그렇게 젊은 날의 그대, / 아프로디테가 되어 온다

- 〈아프로디테〉전문

미와 사랑의 여신인 아프로디테Aphrodite. 로마 신화에서 비너스Venus라고도 한다. 아프로디테는 풍요와 다산, 욕망의 여신이자, 생명의 순환과 생명 그 자체를 상징하기도 한다. 시인에게 그런 아프로디테는 포에지Poesie(시 이전에 시적 감정, 즉 시심을 가지고 있는 상태)이다.

전통 예술에 대한 / 반항이란다 / 유명 미술관 전시실 벽에 / 바나나를 실물로 드러내 놓고는 / 근사한 작품이란다 / 그런데 관람 온, 미학과 / 한 학생이 사고를 친다 / 일억 원짜리 노란 바나나를 / 벽에서 떼어 알짜만 빼 먹고는 / 껍질만 다시 붙여 놓고는 / 배가 고파서 그랬단다 / 작가는 목적이 행위 예술이라며 / 작품을 망친 것은 아니라며 / 그의 행동을 문제 삼지 않았고 / 이 같은 면죄부에,

일부 소식통은 / 행위 예술에 행위 예술로 / 맞장구를 쳤다며 / 마침내 온전한 작품을 완성했다며 / 어느 비 오는 날, 호외로 / 소식을 전했다

— 〈호외〉 전문

행위 예술을 통한 온전한 예술 작품에 대한 소회를 드러낸 작품이다. 실물의 바나나를 걸어 놓고 근사하다는 작품이 일억이나 호가呼價한다. 행위 예술에 문외한이라면 도무지 이해할 수 없는 일이지만, 문제는 거기에 있지 않다. 한 학생이 배고프다며 그 위대한(?) 작품인 바나나를 먹고 껍질만 붙여 놓았다. 작품을 크게 훼손한 것이다. 전시장에서는 분명 난리가 났을 것인데, 진정한 행위 예술가였던 작가는 이를 문제 삼지 않았다. 그 학생이 미학과 학생이라는 점을 고려한다면, 단순히 배고픔을 핑계로 그런 행위를 하지는 않았을 것이다. 그가 바나나를 먹고 껍질만 붙여 놓은 것 또한 행위 예술로 이해할 수 있다. 이 둘의 태도와 행위에서 우리는 진정한 예술가의 면모를 읽을 수 있다. 이 해프닝Happening을 두고 "행위 예술에 행위 예술로 / 맞장구를 쳤다며 / 마침내 온전한 작품을 완성했다"라는 어느 소식통의 혜안에서도 남다른 예술적 깊이를 읽을 수 있다. 시인은, 온전한 시 작품 또한 시인(작가)과 독자(학생) 그리고 소식통(평론가)들의 호응을 통해 완성된다는 것을 이에 견주어 말하고 있다.

무기교의 기교로 쓰는 '대교약졸'의 시

칠십 평생 / 벼루 열 개 밑창을 보고 / 붓 일천 자루를 / 몽당붓으로 만들었다는 / 추사秋史 // 이 세상을 떠나기 전 / 병중 마음에 피어나 / '板殿'이라는 글씨로 / 봉은사에 자리 잡은 / 그 현판 // 어리숙한 듯 / 감히 범접하기 어려운 / 한 대가의 필치는 / 젊은 날 예술의 시비是非를 / 풍경 소리에 날려 보내고 // 누구도 흉내 낼 수 없는 / 절대 순진무구함의 경지에 / 들었구나

-〈판전板殿〉전문

 '판전'은 봉은사 현판懸板(글씨를 새겨 벽이나 문 위에 다는 널조각)에 양각으로 새겨진 추사의 글씨이다. 추사가 당시 봉은사 주지의 부탁으로 썼다는 이 글씨는 현판 왼쪽에 "칠십일과병중작七十一果病中作"이란 문구로 보아 추사가 71세에 과천에서 병을 앓고 있을 때 쓴 글씨임을 알 수 있다. 문외한의 눈에 이 글씨는 초보자가 쓴 것처럼 삐뚤고, 글씨에 힘도 없어 졸작으로 보이기 마련이다. 그러나 '판전'은 추사의 글씨 가운데 최고이자 최후의 명작으로 평가받는다. 전문가들은 그 이유로 '마음을 비움으로써 기교를 부리지 않은 달관의 경지'를 보여 주기 때문이라 한다. 이른바 노자가 말하는 '대교약졸大巧若拙'의 경지다. 그래서 시인에게 이 글씨는 "누구도 흉내 낼 수 없는 / 절대 순진무구함의 경지"로 인식된다. 감히 추사에 견줄 수는 없겠지만, 어쩌면 시인도 이런 경지를 추구하는 것은 아닐까 싶다. 40년 넘게 틈틈이 시를 썼으니, "벼루

열 개 밑창을 보고 / 붓 일천 자루를 / 몽당붓으로 만들었"던 추사까지는 아니더라도, 나름의 경험과 이에 따른 기교가 쌓였을 것이다. 그럼에도 불구하고 이신구 시인의 시는 지극히 평범하고 소박하다. 이는 미루어 짐작건대 이신구 시인이 '대교약졸'의 시법을 추구하기 때문이라 생각된다. 그런 점에서 이 시는 추사의 찬양이면서 동시에 시인이 추구하는 시학을 간접적으로 드러내는 시라 할 수 있다.

따스한 정감을 전하는 빨간 우체통 같은 시

문학은 체험과 상상의 산물이다. 이신구 시인의 시편은 그의 체험과 상상력이 낳은 산물이며, 그 기저에는 그의 기질이 깔려 있다. 이신구, 그에게는 그 흔하디흔한 세속적 욕심도 적다. 그것은 시에서도 마찬가지다. 특별한 기교를 부리지 않는 그의 담담한 언술은 자연과 인생에 대한 긍정적인 가치관을 토대로 생명과 환경에 대한 애정을 드러낸다. 그래서 그의 시는 평이하면서도 잔잔한 감동을 건네주는 것이다. 굳이 그에게서 욕심이라 한다면, "사소한 정도 귀하게 받드는 / 서로의 마음을 필사하여 교환하는 / 사람들의 손 글씨"를 전달하는 "빨간 우체통" 같은 존재가 되는 것이다. 어쩜 그가 이날까지 아무런 보상도 받지 못하는 시를 끊임없이 쓰는 것도, 소박하지만 따뜻한 정감을 전하는 "빨간 우체통"이 되기 위함일 것이다. 아무리 경쟁이 치열하고 비정한 자본주의 사회라

할지라도 우리 곁에 이런 시인 하나쯤은 있어야 하지 않을까.

내 마음에 새봄이 찾아오는 날 / 그동안 얼었던 마음을 녹이고 / 그리움을 먹고 사는 / 빨간 우체통이 되어 살고 싶다
─〈빨간 우체통〉부분